—— 作者 ——

詹姆斯·戈登·芬利森

英国塞西克斯大学哲学高级讲师，社会与政治思想学科召集人，之前曾在约克大学任哲学讲师。在《欧洲哲学杂志》等期刊上发表过关于德国现代哲学的论文，对《哈贝马斯：一个批判的读者》一书有所贡献。研究旨趣包括社会与政治哲学、古代伦理与现代伦理、哲学史。

[英国] 詹姆斯·戈登·芬利森 著　邵志军 译

哈贝马斯

牛津通识读本·

Habermas

A Very Short Introduction

译林出版社

图书在版编目（CIP）数据

哈贝马斯 / （英）詹姆斯·戈登·芬利森（James Gordon Finlayson）著；邵志军译．
—南京：译林出版社，2023.1
（牛津通识读本）
书名原文：Habermas: A Very Short Introduction
ISBN 978-7-5447-9340-7

Ⅰ.①哈…　Ⅱ.①詹…　②邵…　Ⅲ.①哈贝马斯（Habermas, Jurgen 1929- ）- 哲学思想 - 研究　Ⅳ.①B516.59

中国版本图书馆 CIP 数据核字（2022）第 135518 号

哈贝马斯　[英国] 詹姆斯·戈登·芬利森 / 著　邵志军 / 译

责任编辑　陈　锐
特约编辑　茅心雨
装帧设计　韦　枫
校　　对　孙玉兰
责任印制　董　虎

原文出版　Oxford University Press, 2005
出版发行　译林出版社
地　　址　南京市湖南路 1 号 A 楼
邮　　箱　yilin@yilin.com
网　　址　www.yilin.com
市场热线　025-86633278
排　　版　南京展望文化发展有限公司
印　　刷　南京新世纪联盟印务有限公司
开　　本　850 毫米 × 1168 毫米　1/32
印　　张　5.75
插　　页　4
版　　次　2023 年 1 月第 1 版
印　　次　2023 年 1 月第 1 次印刷
书　　号　ISBN 978-7-5447-9340-7
定　　价　59.50 元

序　言

徐友渔

哈贝马斯是当代最重要的政治理论家之一，他的思想贡献可以放到亚里士多德-斯宾诺莎-马克思这个序列中来理解和评价，是哲学史和政治思想史上的一座丰碑。他的理论不但对当代德国和欧洲的政治现实作出紧跟时代甚至引领潮流的论述，而且很少见地对德国和欧洲的现实直接产生影响。

哈贝马斯在新世纪初曾来中国访问，在多个城市和学术机构进行讲演，他还主动要求与中国公共知识分子见面交流，他对中国当前发展与未来前途的关心令人倍增好感，他的访华被有些人称作可以与近一个世纪前罗素、杜威来华访问讲学相媲美的学界盛事。

中国读者对哈贝马斯有着浓厚兴趣与巨大热情，然而，他的著作卷帙浩繁，他的思想宏富深远，他的论证细密复杂、借用引证广泛，因此，直接阅读他的著作是一件令人望而生畏的难事，入门介绍是很有必要的。英国学者詹姆斯·戈登·芬利森的这本《哈贝马斯》是相当合适与实用的入门小书。

本书的首要特点和优点是作者的介绍简明扼要、清楚准确，深入浅出地转述了哈贝马斯的基本思想，思想发展的主要阶段，思想形成的社会氛围、文化背景，以及在德国现代哲学思想中的脉络与传承关系，对于不打算在哈贝马斯的思想大海里遨游的人，或者水性还不足以应付思想的旋涡和波涛、需要在浅滩过渡与练习的初学者，它的程度是合适的。

本书的另一个特点是，自始至终把理解和介绍的重点放在对于哈贝马斯思想的总体把握上。哈贝马斯的思想体系庞大复杂，涉及哲学、语言、道德、政治、法律和社会理论各个方面，而且发展变化的幅度也比较大，如果没有一个整体性的把握，就会遭遇到瞎子摸象般的困境，就会见仁见智、莫衷一是。作者有统领全局的能力，又有删繁就简的功夫，所以呈现给读者的，是一个用粗线条构成的轮廓分明的思想家头像，读者丝毫不用担心在细节中迷失方向，在论证和辩驳中头昏脑涨。

尽管有上述两个特点和优点，但绝不要以为，本书的价值就仅仅是浅显和明白易懂。认真研读之后可以发现，由于作者对哈贝马斯思想的精髓有深入准确的把握，所以本书的根本特点是论说精到，这个优点对于与诞生哈贝马斯思想的社会、文化环境相距甚远，对于因为处于社会转型期而有特定期待并容易产生特定偏见的中国人来说，显得异常重要。可能有很多中国人早已通过第二手、第三手的资料形成了对于哈贝马斯思想的印象，如果本书的阐述与已有的印象有距离的话，那么可以相信，这里的说明更为准确可靠。

本书详细介绍了哈贝马斯的第一部重要作品，发表于1962年的《公共领域的结构转型：论资产阶级社会的一个范畴》，我们从中可以看到，虽然哈贝马斯被视为法兰克福学派的传人，但他对于社会、政治、文化、历史的分析与他的前辈霍克海默、阿多诺有明显的不同。作者指出："哈贝马斯研究方法的关键之处在于，它表明了资产阶级公共领域尽管存在局限性，但绝不**仅仅**是一个幻觉，因为它**原则上**是开放的；只要拥有独立的财产并受过教育，不论声望、地位、阶级或者性别，都有权参与公共辩论。没有人在**原则上**被拒斥在公共领域之外，虽然在**实践中**对于很多人来说不尽如此。"作者还指出："哈贝马斯在最后的分析中提出了一个怀着希望的推测，认为现有的内在于政党这类机构的公共领域，仍有可能发挥上述功能。只要有合适的政治与社会环境，公共领域理念和社会政治现实之间不断扩大的裂缝也许能够再次弥合。"

这说明，作者注意到了，哈贝马斯与他的前辈批判理论家不同，在追求批判的深刻性和尖锐性的同时，并没有忘记准确性和分寸，并没有失去现实感，因此避免了前辈的偏颇和一味激烈。哈贝马斯对于资本主义社会的形式上的民主、自由和平等没有完全否定，因此对于这种社会进行自我调节与更新，从而有发展余地的可能性是有认识的。

正是这种现实性——或者叫作实事求是、恰如其分——使哈贝马斯的学说具有吸引力和生命力，不像其他批判理论家那样因为脱离现实而边缘化。霍克海默在晚年说，他对资本主义表示无限的歉意："应当公开宣布，一种即使存在缺陷的、可疑的民主制，也总是比我们今天的革命必然会产生的专制独裁好一些。这种公开的表白，出于真理的目的，我认为是必要的。”“用自由世界的概念本身去判断自由世界，对这个世界采取一种批判的态度而又坚决捍卫它的理想……就成为每一个有思想的人的权利和义务。”他还说，他生活于其中的那个世界不可避免地有许多不公正，但仍是暴力海洋中自由的岛屿，这岛屿的沉没也意味着包括法兰克福学派理论在内的整个文化的沉没。认错和表示懊悔固然说明真诚，但也说明理论的缺陷。不能说哈贝马斯的理论避免了这种缺陷，但可以说这种缺陷不那么严重。

哈贝马斯后期和新近思想的发展对于当前中国思想的启发特别具有现实意义。如本书指出的，哈贝马斯在上世纪80年代的一次获奖演说中断定“现代性是一项未竟之事业”，他反对时髦一时的后现代主义思潮，认为阻止或逆转现代化进程的企图是徒劳之举。他对民族主义情绪的高涨、民族主义思潮的泛滥持警惕和批评态度，提倡一种“宪政爱国主义”，即基于民主宪法、自由平等和多元文化的普遍适用的价值对于自身所处的公民社会的热爱。

总之，这是一本开卷有益的书。

目　录

致谢

非常感谢约克大学哲学系的所有同事。我很喜欢和玛丽·麦金以及斯蒂芬·埃弗森切磋观点；汤姆·鲍德温作为同事和系主任给了我非常热情的帮助，我从他的友谊、鼓励以及广博的哲学知识中获益良多；克里斯蒂安·皮勒不仅是我的好友，同我专业研究领域相近，还是我的对话者，皮勒对于哈贝马斯的认识远比他自认为的深刻，他富有洞察力的问题帮助我思考得更深入，更趋于条理清晰。2003年，我有幸能在约克大学给一个班的优秀学生讲授哈贝马斯的商谈伦理学，我要感谢罗宾·豪厄尔斯和亚历山大·佩里的课堂发言激发出了我的一些想法；感谢马特·布朗、朱丽安娜·索科洛娃、索尼娅·施诺琳、约翰-大卫·罗德、查理·伯恩斯和威廉·乌思怀特阅读本书初稿并提出宝贵意见；感谢牛津大学出版社的责任编辑玛莎·菲利翁，感谢理芬卡奇公司的艾利森·莱斯文和彼得·布彻帮助我整理文稿。我特别要感谢李庭铭[①]博士和康妮·迪比亚西在过去几年里以不同的方式表

① 音译。——译注

现的关心、慷慨和友爱。最后我要特别提到我的父母凯瑟琳·芬利森和乔恩·芬利森，还有朱丽安娜，是他们的关爱、支持、理解帮助我度过了写作本书的艰难时期。

前　言

于尔根·哈贝马斯其人

于尔根·哈贝马斯是第二次世界大战后最为重要、拥有最广泛读者面的社会理论家之一。他的理论著作在人文和社会科学的许多不同领域都产生了重要影响。任何研究社会学、哲学、政治学、法学、文化学或研究英国、德国以及欧洲的学者都无法回避他的名字。他的著作之所以拥有如此广泛的影响力，主要有以下几个原因。首先，哈贝马斯是个跨学科理论家。他的学术涉猎之广令人惊叹。社会学家马克斯·韦伯（1864—1920）曾经提到过一种“没有灵魂的专家”，这种人作为学者从来不去尝试超越自己狭仄的专业领域，而哈贝马斯恰恰与这类人相反。他的研究冲破了学科的界限，完全不像大多数研究人员和学者那样螺蛳壳里做道场。对于他的思想，大多数读者只能从其著作中窥豹一斑。其次，哈贝马斯在五十多年的学术生涯中撰写了大量的作品，他不仅是公认的社会政治理论家，还是当今欧洲首屈一指的公共知识分子。他是德国左派民主主义的元老与灵魂人物，在捍卫自己哲学原则的同时，积极以公民而非学者身份参与到德国和欧洲公共领域对文化、道德、政治等普遍性话题的批判中去。

为了使本书尽量精简，我对于哈贝马斯的生平不作详述。个

图1　于尔根·哈贝马斯

中原因不在于哈贝马斯的一生不精彩——虽然学者的生平很少能称得上引人入胜，而在于我还是认为作品比作者本人重要。（当然，我也不会简略到像马丁·海德格尔写哲学家亚里士多德那样，在专著中就其生平仅漫不经心地写下："他生于斯地斯时，工作过，然后辞世了。"）哈贝马斯生平所经历的里程碑式的历史事件影响并激发了他的著述，1945年"二战"结束、德意志联邦共和国从经济与社会废墟中诞生、冷战、1968年学生抗议运动、1989年柏林墙倒塌以及苏联解体等事件影响尤甚。

1929年，哈贝马斯出生于杜塞尔多夫。他在一个德国中产阶级家庭中长大，家人识时务地适应了纳粹政权，但也谈不上拥护纳粹。哈贝马斯的政治观点最初形成于1945年，他十六岁的时候。"二战"行将结束之时，哈贝马斯与当时几乎所有身体健康的德国同龄青少年一样，加入了希特勒青年团。战后，在观看了纳粹屠犹的纪录片并经历了纽伦堡审判之后，他终于看清了奥斯威辛的骇人事实和纳粹当权期间德国民众在道义上的集体沦丧。

青年时期，哈贝马斯曾在哥廷根大学、苏黎世大学和波恩大学学习过哲学。那时他谈不上激进。1949年至1953年间，他沉浸于马丁·海德格尔的著作中，但是很快便对海德格尔感到幻灭。这主要不是因为海德格尔曾经是纳粹党成员并公开支持纳粹党，而是因为他后来回避这个历史问题，拒绝对其行为表示任何忏悔，拒绝承认真相然后将这一页翻过去。1949年，德意志联邦共和国第一届政府成立，由保守派的康拉德·阿登纳主政。对海德格尔，青年哈贝马斯一开始满怀期待与热情，但随即便感到

图2　马丁·海德格尔。求学期间，哈贝马斯研究过他的著作。后来，哈贝马斯对海德格尔在其纳粹党员身份问题上保持沉默持激烈批判态度。

了失望和上当；他对阿登纳政权的态度也经历了这样的转变。在他看来，这个政权代表了一个集体对不光彩历史的蓄意否认和留恋。

1954年，哈贝马斯凭研究德国唯心主义哲学家弗里德里希·谢林的论文而获博士学位。之后，他便转向了赫伯特·马尔库塞和早年卡尔·马克思的作品，两年后在法兰克福的社会研究院成了哲学家西奥多·W.阿多诺的第一位研究助手。哈贝马斯同情他在法兰克福的老师阿多诺和马克斯·霍克海默的经历，这两个人都有德国犹太人血统，因此两人对于德国传统在归属感上持有可以理解的矛盾情绪。从两人身上，哈贝马斯学会了如何批

图3　康拉德·阿登纳，德意志联邦共和国第一任总理。

判地认同自己祖国的传统，用他自己的话来说，这使他“以自我批判的精神、怀疑主义的态度、被欺骗过的人的清醒的头脑去继承德国的传统”。（《自主与团结》，第46页）在这一阶段，哈贝马斯的著作变得更为激进，对于马克思有更多的认同。对于霍克海默的偏好来说，这便过分了。这位法兰克福研究院院长反感哈贝马斯不加掩饰的马克思主义观点，对哈贝马斯暗地里下了逐客令。1958年，哈贝马斯离开法兰克福去了马堡大学，并在1961年取得了该校的任教资格。后来，他成了海德堡大学的哲学教授，并于1964年又回到法兰克福大学担任哲学和社会学教授一职。在这段政治动荡时期，哈贝马斯与学生激进分子之间却产生了龃龉，这件事在当时众所周知。虽然哈贝马斯总体对于这些学生持同情态度，但在当时，他具有挑衅意味地把这些学生所持有的与所有权威都彻底对立的态度斥为“左派法西斯主义”。从1971年到1983年，他都在施塔恩贝格的马克斯·普朗克研究院当院长。1983年，哈贝马斯回到法兰克福大学教授哲学，并在此建立了他作为西德主要社会理论家和受人尊重的民主主义左派发言人的地位。

1989年11月柏林墙倒塌，哈贝马斯亲眼见证了随之而来的德国统一。对于德国统一，哈贝马斯和某些人一样，对其统一进程的推进方式持激烈的批评态度。90年代早期，哈贝马斯对于美国政治哲学家罗尔斯的著作、他的自由主义观点以及美国的宪政民主兴趣与日俱增。从左边批评哈贝马斯的人往往对他一生的学术活动进行漫画式的描述，根据这类描述，他的一生始自马克思主义式的对于资本主义的批判，终于对美式自由民主的捍卫。这一漫画式概括虽然表面上合理，但仍然肤浅，究其原因，乃在于未能理解哈贝马斯复杂的政治与思想立场。哈贝马斯不仅是马克思主义批判家，更是马克思主义的批判者，他对资本主义和自由主义一直怀有深深的忧惧。但是，尽管他以与自己错误的政治文化见解相决裂的姿态，对西方民主传统作出了趋于负面的评价，他又把西德对西方民主传统的成功照搬说成是西德最伟大的文化成就。正因为这个原因，德国社会学家拉尔夫·达伦多夫言过其实地称哈贝马斯为“阿登纳之嫡孙”（《柏林共和国》，第88—89页），当然，这其中带有戏谑之意。然而，尽管哈贝马斯思想非常复杂，过去五十年知识界和政界又经历了风云突变，哈贝马斯的学术观点和政治观点还是保持了高度的连贯性。

关于哈贝马斯对德国的矛盾情感和对民族主义的一贯忧惧，我已经简述了其心理动因与出身因缘。然而，我们应当努力避免把哈贝马斯作品中的这些因素个人化。人们很容易忘却的一点是，近代德国历史与政治的内在复杂性与张力仍然实实在在地存在着。要获得对于历史和现实的生动认识，就去柏林的德国国会大厦透明穹顶上看看吧，在这里可以眺望勃兰登堡门和新建的大

图4　大屠杀纪念馆，柏林，背景中是勃兰登堡门和德国国会大厦新建的透明穹顶。

屠杀纪念馆，也可以俯视国会议事厅。

没有哪种社会政治理论能像哈贝马斯的理论那样，如此好地捕捉到这些复杂性和张力，并且如此好地利用它们。哈贝马斯的世界主义，他对欧盟的支持、对民族主义的怀疑、对宪政爱国主义的捍卫，他的道德普遍主义，这些都是基于他的理论体系。哈贝马斯的哲学是纯粹德国式的，同时他的哲学眼界又丝毫不受限于德国或德国哲学。

1994年从法兰克福大学的职位退休之后，哈贝马斯便在施塔恩贝格生活和从事著述，也在美国兼职讲学。他仍然定期发表文字，还一如既往地积极评论政治和文化。近期他的文章涵盖了各种主题，如生物伦理学、基因工程、伊拉克、恐怖主义、世界主义和“9·11”事件之后的美国外交政策。

本文主要讨论哈贝马斯的成熟理论，即他从1980年至今的作品。对于他偶尔发表的政治评论文章我只是一笔带过。这种安排并不是在暗示哈贝马斯作为公共知识分子的一生和他作为学者的生涯孰轻孰重，只是由于他的理论较其政治观点和文化评论更难懂，后者是写给外行读者看的，不用嵌入理论系统之内。

哈贝马斯以一种地道的德国方式、一种现在看来已有几分不合潮流的方式坚持并传播着自己的宏大理论。对于现代社会的本质、现代社会面临的问题，以及语言、道德、伦理、政治、法律在现代社会中的位置等，哈贝马斯提出了一些重大问题，而他对这些问题的回答是由多个学科的知识精心编织在一起的，是错综复杂又包罗万象的复合体。不仅如此，他的主要理论著作篇幅之长、术语之多令人望而生畏。哈贝马斯并不为入门者写作，第一次读到他著作的读者可能会产生挫败感。又因为哈贝马斯著述的重点都放在整体框架上，所以填补局部细节的工作就经常留待其研究合作者和学术继承人他日完成了。有时，论证的个别环节是缺失的，但同时哈贝马斯与其批评者又处于不断的对话状态，通过经常性地重述观点来回应批评者，并且对理论做一些细微的、意义并非总是一目了然的调整。基于以上原因，如果缺乏对哈贝马斯理论的总体了解，不知道哪些是其理论主干，哪些又属于旁枝末节，读者就很容易迷失阅读的方向。本书的写作目的之一，就是想为读者勾画哈贝马斯理论的主要脉络，方法便是将其著述的不同部分置于一个整体化的背景中。为了达到这个目标，我首先在此给出哈贝马斯全部成熟著作的体系提纲。这个提纲包括了五个研究专题：

一、意义的语用学理论

二、交往理性理论

三、社会理论专题

四、商谈伦理学专题

五、民主理论和法律理论（政治理论）专题

以上每个研究专题都相对独立，在各不相同的知识领域有所创新。但同时，每一部分又都同所有其他部分存在着或多或少的系统性联系。

哈贝马斯的意义语用学理论和交往理性理论，一同为他的社会学、伦理学、政治学理论提供了前导性理念。另一方面，后面三个研究专题之间又能起到相互支撑作用。我之所以称它们为研究专题，是因为它们仍在进行之中。每个专题都通过融合不同学科的真知灼见，回应一系列不同的问题。在本书末尾的附录部分，我为每个专题提供了一个简短的概述。在下面的章节中，我将大致沿着哈贝马斯进行构思的时间线索来探讨这些专题。

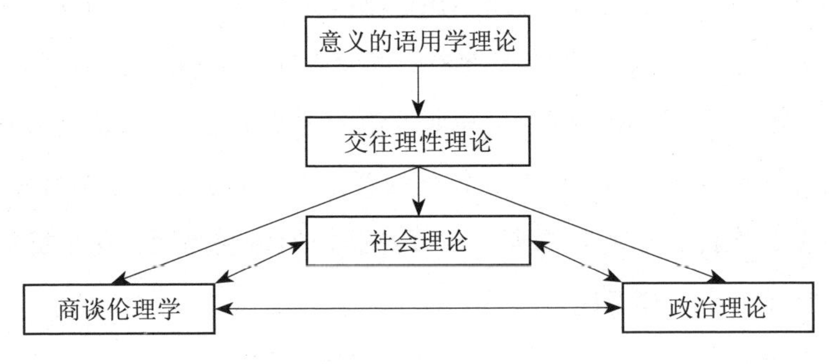

图5　哈贝马斯的研究专题概览

缩略语[①]

AS	《自主与团结：于尔根·哈贝马斯访谈录》
BFN	《在事实与规范之间》
BR	《柏林共和国：关于德国的论述》
CES	《交往与社会进化》
DEA	《包容他者》（德文版）
DMUP	《现代性：一项未竟的事业》
JA	《证明和运用》
MCCA	《道德意识与交往行为》
NR	《追补的革命》
OPC	《论交往的语用学》
PDM	《现代性的哲学话语：十二讲》
RR	《宗教与理性：论理智、上帝和现代性》
TCA1	《交往行为理论》上册
TCA2	《交往行为理论》下册
TIO	《包容他者》（英文版）

① 为方便阅读，译文中用中文书名代替原文的缩略语。——编注

TPF	《作为未来的过去：于尔根·哈贝马斯与米夏埃尔·哈勒尔的对话》
YAGI	《又谈德国身份：愤怒的德国马克市民的统一民族？》

第一章

哈贝马斯和法兰克福学派的批判理论

法兰克福学派

在英语国家，哈贝马斯为人熟稔的作品有《交往行为理论》、关于商谈伦理学的各类文章以及《在事实与规范之间》。笼统地讲，他的社会、道德和政治理论都已经在这些作品中得到了各自阐发。哈贝马斯还被视为法兰克福学派第二代理论家的领军人物，他的著作也应被看成是对法兰克福学派第一代理论家的批判理论进行不断反思的结晶。

“二战”之前和之后的一段时间，一群哲学家、社会学家、社会心理学家、文化批评家，在法兰克福由私人资助的社会研究院进行研究工作，这就是法兰克福“学派”的由来。这些思想者在学院一本名为《社会研究杂志》的期刊上发表文章，宽泛地说，他们遵从共同的学术范式：他们作同样的理论假设，提出类似的问题，都受到黑格尔（1770—1831）和卡尔·马克思（1818—1883）辩证哲学的影响。法兰克福学派学者所追随的当代德国辩证哲学的传统，有时又被称为黑格尔-马克思主义，在当时它远不是社会思潮的主流。作为知识分子中的少数派，他们同当时占支配地位的新康德主义欧洲传统和逻辑经验主义盎格鲁-奥地利传统针锋相对。后来人谈到所谓的法兰克福学派和法兰克福学派理论时，这个认识是不可少的。

马克斯·霍克海默（1895—1973），法兰克福研究院名誉院长，对于1930年代“批判理论”范式的发展起到了主要作用。

在霍克海默看来，批判理论将成为新的跨学科理论活动，它补充并改造了黑格尔和马克思的辩证哲学，在其中注入了来自精神分析这一相对新生的学科，以及来自德国社会学、人类学与非主流哲学家如弗里德里希·尼采（1844—1900）、阿图尔·叔本华（1788—1860）的敏锐洞见。所以，批判理论的研究方法具有

图6 马克斯·霍克海默，社会研究院院长，摄于法兰克福

四个主要特点：跨学科性、反思性、辩证性和批判性。

法兰克福学派率先将多视角、多学科的方法同时运用于道德、宗教、科学、理性和合理性研究。他们认为，不同学科视角的交叉能够产生新的洞见，这样的见识在一个视阈狭隘、日趋专业化的学术领域内则无法获得。这样，他们便挑战了当时盛行的想当然的看法，即唯有自然科学的经验主义方法具有有效性。

与几乎包括了从数学、形式逻辑到自然科学的所有方面、霍克海默所谓的“传统理论”不同，批判理论具有反思特征，即内在的自我意识特征。批判理论反思其自身产生的社会背景，反思自身在社会中的作用，反思其实践者的意图和利益，等等。批判理论同这样的反思密不可分。

与跨学科性相结合，批判理论的反思特征有望揭开在法兰克福学派看来困扰着传统理论（比如自然科学）的“实证主义”幻象；也就是说，批判理论就是对于独立的事实王国的正确反映。

知识的二元图景加深了一种观点，即事实是固定的、给定的、无法更改的、独立于理论的。批判理论家摒弃了这种图景，支持更为黑格尔式、辩证的知识观。这种知识观认为，事实和我们的理论都是变动不居的历史进程的一部分，在这一进程中，我们看待世界的方式（理论地或实践地）和世界的存在方式之间是相互决定的。

最后，霍克海默认为批判理论应当具有**批判性**。这一要求包含了几个明确的主张。总的来说，这一要求意味着理论的目标应该具有实践性，而不能是纯理论的；也就是说理论的目标不应该仅仅是正确的理解，还应该是创造出比现有社会条件和政治条件更有利于人类发展繁荣的局面。再具体一些，即理论应该有两种不同的规范性目标：诊断和治疗。理论的目的不仅限于为当代社会诊断**病情**，还应该通过指明社会进步的方面和发展的趋势，来为改造社会助一臂之力。

当纳粹主义盛行的政治氛围使得学派成员（他们几乎都是犹太血统）无法在法兰克福继续工作时，研究院不得不暂时迁址。先是移到了日内瓦，然后是美国。在美国，法兰克福学派直接遭遇了对他们来说闻所未闻的社会现象，一个深陷于福特式工业资本主义和大规模生产的消费社会。在美国，好莱坞的大制片公司、广播公司、出版公司已经实现了文化的工业化生产，这尤其让他们深感震惊。这些垄断巨头采用巧妙的操纵手段，使大众接受甚至支持一种隐藏在生活背后、干预乃至压制人们的基本兴趣的社会系统。例如，好莱坞制作的低成本商业电影，往往以俗套的大团圆结局为大众提供廉价的满足感。观看这样的电影，大众对阻碍他们追求真正幸福的社会制度不再批判，而是融入银幕偶像的虚构幸福。这样，文化便无意中充当了真实世界的广告。霍克海默和比他年轻的同事西奥多·W.阿多诺（1903—1969），称这类现象为“文化工业”。

文化工业是资本主义社会发展整体倾向的一个关键部分，这种倾向将创造、改变人们的需要与欲望，直至使他们真正欲求批量制造的垃圾，不再追求有价值的生活。分析这样的现象可以帮助我们理解，广告和其他形式的媒介如何操控主体的意识，制造出法兰克福学派所称的“虚假的和谐状态”。虚假的和谐之所以产生，乃在于人们认为社会具有理性、可以促进人类自由和幸福，并且社会无法改变，而实际上，社会是彻底非理性的，是人类追求自由和幸福的障碍，也是可以改变的。一百年前，在与当今社会状况迥异的普鲁士，黑格尔曾声称社会已经达到了真正的和谐，即在当时的社会和政治条件下理性的主体能够接受并赞同的状态，因为在权衡一切因素之后，理性主体最深层次的利益能够得到实现。而法兰克福学派，在马克思的影响下，基于他们在20世纪的经历，把黑格尔的乐观主义彻底颠覆。

图7　西奥多·阿多诺，音乐学家、社会理论家、哲学家。哈贝马斯在社会研究院的同事及导师

1949年霍克海默回到了法兰克福，对于实现批判理论的实践目标——促成社会的巨大转变，他和阿多诺都更为悲观了。在两人合写的名著《启蒙辩证法》（1947年出版，1944年曾以《哲学断片》为名出版过油印本）一书的分析中，这种悲观主义已经得到了理论化。

阿多诺和霍克海默对启蒙的分析，为批判理论的后续发展确立了日程表。他们的理论始于黑格尔的假设（马克思也同意）：人类以精神和物质活动（或者如马克思所言，通过脑力或体力劳动）塑造或决定了他们身边的世界。然后他们加上了一条历史命题：到18世纪，工具理性，即对于完成既定目标或满足既定欲望的最有效方法的思考，已经成为主要的知识形式。启蒙的历史进程，赋予了自然科学和技术上可用的认知形式比其他知识形式更高的地位。阿多诺和霍克海默声称，自然科学对外部世界作出了可验证的归纳和预言，它是手段/目的推理的一种隐蔽形式。从人类学的角度来讲，科学不过是深化人类掌握和控制环境的根本需要的一种工具。技术和工业就是这种工具的延伸和应用。

阿多诺和霍克海默宣称，工业化和官僚化的现代世界形成于一种合理化进程中。20世纪的社会是人类活动的结果，而人类的理性能力已经退化，变成仅仅是对如何以最有效方式达成既定目标的一种计算。世界的日益数学化和客观化，造成了神话世界观和宗教世界观的终结。同时，人类赖以认识世界的概念又来自特定的历史和社会环境。阿多诺和霍克海默认为，制度化的生活愈加受到科学和技术，即工具理性的形塑。社会性的各种现代形式

（工具理性的制度化形式），依次引发了工具性概念、表现形式以及思考世界的方式：它们造成了一种科学的、计算的、实用的思想倾向。继之而来的便是工具理性地位的恶性螺旋式上升，它逐渐取得了独一无二的排他性地位。

科学和理性服务于人类操纵、控制外部世界的基础性需要——这样一个假设有其阴暗的一面，即承认支配和统治这两者与理性具有非常相近的同源关系。不仅是科学和技术，理性本身与支配就有牵连。在阿多诺和霍克海默看来，即使是原始的理性形式，例如魔法，也是人支配自然和他人的雏形。魔法师施法的目的就是要掌控自然界，由于手握魔法力量，他们便成了社会中的统治阶级。

具有讽刺意味的是，根据卢梭、伏尔泰、狄德罗、康德等18世纪启蒙思想家的观点，启蒙运动就是要将人类从自然界解放出来并将人类引入自由与繁荣状态，现在看来，这一运动事与愿违。随着工业化和资本主义在19世纪的强盛，人类逐渐受到更为广泛的行政力量的约束和管制，逐渐受制于日益强大、难以驾驭的经济体系。启蒙不仅没有把人类从自然界解放出来，相反，它禁锢了作为自然之一部分的人。想要经济繁荣、物质丰富，得到的却是贫穷和苦难；想要道德进步，得到的却是向野蛮、暴力与褊狭的退化。这就是“启蒙辩证法”，它使霍克海默和阿多诺认识了他们所处的社会，并影响了他们对于那个社会的弊端的分析。

在年轻的哈贝马斯眼中，这种无法求证的悲观主义削弱了社会理论的批判指向。如果霍克海默和阿多诺对启蒙的解读是正确的，如果旨在带给人类自由和富足的启蒙自肇始就注定要把人类推入不自由和悲惨的境地，那么批判的社会理论就陷入了困境。社会理论自身就是一种启蒙形式，因此按照阿多诺和霍克海默对社会理论的广义理解，它就是一种可以帮助人们更好地认识社会、改良社会的理论。在这种情况下，正如阿多诺和霍克海默在《启蒙辩证法》一书序言中所承认的，启蒙既是必要的，又是不可能实现的。之所以必要，是因为若没有启蒙，人类就会继续滑向自我毁灭与不自由；之所以不可能实现，是因为启蒙的实现有赖于人类的理性活动，而理性又恰恰是问题之所在。这样一个疑难（aporia），使得霍克海默和阿多诺在论及批判理论的现实政治目标时更加慎重。（aporia是一个希腊词，字面上的意思是“无路可通”，喻指“困惑混乱”。）阿多诺最初对于理论可以指引社会、政治或道德解放所怀有的信仰，很快就溃散了，他甚至认为几乎所有的集体政治行动都草率、专断、徒劳。哈贝马斯和他的师长之间的区别在于，后者认为疑难实际存在，而哈贝马斯认为疑难只是后者理论分析中的一个缺陷所致。

哈贝马斯的最初回应

哈贝马斯的第一部主要作品——《公共领域的结构转型：论资产阶级社会的一个范畴》（1962，以下简称“《结构转型》”），是对霍克海默和阿多诺的批判理论概念作出的建设性批判。虽然在20世纪60年代早期的西德这也算得上是部名著，但是直到1993年才被译成英语。该书试图解决第一代法兰克福学派批判理论的问题，同时坚持这种理论的最初宗旨、保留其对社会弊端所作分析的某些方面。

《结构转型》一书对于批判理论最初范式的坚持，表现在以下几个方面。首先，这本书是跨学科的结晶，它融合了来自历史学、社会学、文学和哲学等学科的深刻见解。其次，它试图指出现代社会进步的和理性的方面，使其区别于反动的和非理性的因素。最后，与在他之前的阿多诺和霍克海默一样，哈贝马斯运用了被称为**内在批判**的方法。与外部的批判相对而言，这种方法也可以被称作内部的批判。批判理论家认为，这是由黑格尔和马克思首创的方法。从某些角度而言，它与苏格拉底的论辩方法更为接近。苏格拉底式的论辩采取对话的形式，这是为了便于辩论，论辩者实际并不认可某个观点，论辩的目的是为了揭露观点的不连贯与不真实。不管这个方法源自何处，批判理论家是想从这一方法本身出发，而不是以超越于该方法之上的价值或标准为基础来批评某个对象——某个社会观点或某部哲学著作，使其不真实性大白于天下。

《结构转型》是对"公共领域"范畴的一次内在的批判。"公共领域"一词翻译自德语Öffentlichkeit，包括了公共性、透明性和开放性等意思。在哈贝马斯看来，历史上启蒙运动的理想——自由、团结、平等——是公共领域这一概念的题中应有之义，这些理想为内在的批判提供了标准。比如，18、19世纪的资产阶级社会会因为没有实践自己的理想而受到批判；同样，西德社会也会因为与那些理想所预示的包容、平等、透明的社会不符而受到批判。

因而,《结构转型》坚持了批判理论的原初范式在理论和实践方面的理想：认识社会领域并且通过阐明社会变革的潜能指引社会变革。

然而，哈贝马斯对于社会、政治与文化形态的历史分析与霍克海默和阿多诺截然不同。直到两人身后将近二十年，哈贝马斯才对他们发表公开批评，认为两人对于合理化的阐述过于片面、消极，他们的启蒙辩证法概念又缺乏经验的、历史的正当性和内在的一致性。哈贝马斯自己的著作则试图拯救批判理论的初衷：他将启蒙运动的一种表述得更细致、更具有正当性的历史，与一种更有内在一致性的社会理论模式联系了起来。

资产阶级公共领域概念

《结构转型》记录了理性的公共领域从沙龙、俱乐部、咖啡馆等18世纪欧洲的文艺性公共团体中诞生的过程，又描述了这个公共领域的逐步衰落和瓦解。哈贝马斯的叙事细致入微，征引内容极为广泛。

18世纪初，公民权的确立保证了个人享有结社和言论的自由，出版自由的确立又促进了咖啡馆、沙龙这样的有形空间和可供市民自由参与公共讨论的文学杂志的形成。在这样的论坛中，人们可以自愿集会，作为平等的人参与公共论辩。这些论坛享有两种意义上的自主权：首先人们是自愿参与论坛的讨论，相对不受社会经济和政治体制的影响。公共领域的成员通过交换和契约完成经济上的交易，不光是为了追求个人利益。公共领域存在于自愿的结社之中，作为个人的公民统一在一个共同目标之下，利用他们自己的理性展开不受束缚的、平等主体之间的讨论。很快，共享的文化氛围得以形成，与其他因素一起，使公共讨论的参与者得以发现自己的需求和利益并加以表达，并使他们形成共同善的概念。哈贝马斯认为，公共舆论的标准概念是围绕着共同善的概念形成的，共同善的概念正是在这些脆弱但又受到庇护的公共商谈论坛中确立的。

随着公众的权威和影响的扩散，公众舆论开始逐渐发挥作用，对缺乏民意基础和开放性的政府的权力施以监督约束。通过检验法律政策是否符合共同善，公众可以有效地审查它们的合法性。虽然公共领域开始发挥政治和社会功能，但是，它不能被视作任何具体的政治机构或与这类机构联系起来。公共领域是一个非正式社会领域，它介于资产阶级市民社会与国家或政府之间。

作为理念和意识形态的公共领域

正如哈贝马斯在《结构转型》中所阐发的，他的批判理论是内在批判的一种变化形式，又被称为对意识形态的批判或意识形态批判。为了理解这一称呼的内涵，有必要探究一下意识形态这一概念。阿多诺把意识形态定义为“必要的社会幻觉”或“必要的错误社会意识”，年轻的哈贝马斯持有与此类似的理解。据此来看，各种意识形态都是关于其自身的错误观念和信仰，社会总以某种系统的方式促使人们认同这些错误观念和信仰。但是，意识形态又不是普通的错误信仰，比如将杯子里的咖啡误认为是茶。意识形态是被广泛视为正确的错误信仰，因为事实上所有社会成员都在某种程度上被诱导着去相信。此外，意识形态是功能性错误信仰，部分地由于被广泛接受，意识形态可以支撑某些社会机制、支持其维护的支配关系。正是在这个意义上，意识形态具有**社会必要性**。

这样来看，意识形态可以以不同的方式发挥其社会功能。它能使实际上属于社会的、人为的，因而原则上具有可变性的机制显得恒定而自然，或者它能使实际上服务于一小部分阶层利益的机制看起来是为每一个人谋福利的。比如，假如每一个人都相信经济规律是独立于人类而自然存在的，那么工人就更容易接受低工资作为他们的劳动回报，而不是把这种交易看成是需要改革的结构性不公。因而，意识形态批判作为一种内在的批判，能揭露此类必要的社会幻觉，并被寄予厚望来使遭到批判的对象——在这里是制造幻觉的社会结构——更具流动性和可变动性。

哈贝马斯认为，公共领域这一概念既是一个理念也是一种意识形态。公共领域是供平等的主体参与理性讨论以求得真理和共同善的空间。作为理念，开放、包容、平等和自由都无可指摘。然而事实上，这些理念不过是意识形态或者说幻觉罢了。因为现实中，能够在18世纪欧洲的咖啡馆、沙龙和文学杂志等公共领域参与讨论的人，总是限于少数拥有财产、受过教育的男性。财产和教育是两项未予明说的资格要求。实际上，大多数的穷人和未受教育者，以及几乎所有的女性，都被排斥在外。所以，公共领域的理念依然只是乌托邦，一个关于值得追求的平等、多元社会的梦想，从未彻底实现过。在第二层意义上，资产阶级公共领域的概念也仍然属于意识形态。因为，文化公众和理性公众共享的文化所催生的共同善和公共利益的观念，将实际上是少数受过教育、拥有财产的男性的利益呈现为全人类的共同利益。

哈贝马斯研究方法的关键之处在于，它表明了资产阶级公共领域尽管存在局限性，但绝不**仅仅**是一个幻觉，因为它**原则上**是开放的：只要拥有独立的财产并受过教育，不论声望、地位、阶级或者性别，都有权参与公共辩论。没有人在**原则上**被拒斥在公共领域之外，虽然在**实践中**对于很多人来说不尽如此。毫无疑问，个人自愿参与、任何人都能加入、人们在其中作为平等的成员展开不受拘束的辩论以探求真理、追寻共同善，这样的组织是一个乌托邦，但是，这是一个在过去和现在都值得追求的乌托邦。在18世纪一段短暂的历史里，这个乌托邦不仅在知识界获得认同，而且开始在社会、政治实践中暂时地、部分地得到了实现。

公共领域的衰落

《结构转型》的第二部分描述了公共领域的瓦解和衰落：随着报纸和杂志逐渐获得巨大发行量，它们被服务于少数强势个人之私利的资本主义大公司所吞并。在失去批判功能的同时，公众舆论也逐渐失去了其双重的自主性。到了19世纪和20世纪，公共领域于是不再是孕育理性观念和可靠信仰的温床，而是蜕变成操纵、支配民意的舞台。作为大众传媒的报纸、杂志和畅销小说同广播电视一起，变成了消费品：它们不是促进而是开始遏制人类的自由和发展。毋庸置疑，国家、经济和政治机构越来越谙熟于取得公众的拥护与支持，从而给自己披上一层合法性外衣。然而，这种支持的基础在于卑躬屈膝、不作批评、经济不独立的消费者的个人意见，而与形成于理性的公共辩论中的健康的公众舆论无关。

对于文化工业如何制造着越来越多千人一面、驯顺盲从的消费者，阿多诺和霍克海默有过描述；上述对于20世纪西方资本主义发展的严厉观点，与阿多诺和霍克海默的描述有诸多一致之处。哈贝马斯继承了法兰克福学派相当悲观的分析，认为美国的垄断资本主义和福利国家自由主义最终导致了个人自由的萎缩和民主政治的空洞，它们并不能有效避免像屈从于纳粹主义的魏玛共和国那样脆弱的社会秩序。但是，哈贝马斯比阿多诺和霍克海默更清楚地知道，也更坚定地坚持该走哪一条路。公共领域事实上已经衰落了，支离破碎了，它本应深化、拓宽政治经济系统，继续发挥批判作用，为其合法性进行辩护，从而将政治经济系统推入民主治理的轨道。在《结构转型》结论部分，哈贝马斯在最后的分析中提出了一个怀着希望的推测，认为现有的内在于政党这类机构的公共领域，仍有可能发挥上述功能。只要有合适的政治与社会环境，公共领域理念和社会政治现实之间不断扩大的裂缝也许能够再次弥合。

哈贝马斯的批判理论观念

哈贝马斯之所以对公共领域概念感兴趣，是因为他将公共领域视为民主政治理想的母体，视为道德价值观与认知价值观的基础，这些价值观能够培育并维持平等、自由、理性、真理等民主精神。哈贝马斯著作与其法兰克福学派导师著作的不同之处在于，他总把对个人自由的深度关切与民主制度的命运和民主政治的前景联系在一起。相应地，哈贝马斯比霍克海默和阿多诺两人都更加关注民主社会的具体制度结构。在他看来，批判理论必须言及社会制度的选择，即什么样的制度能使个人既不受政治极端主义的吸引，又免受迅速成长的资本主义经济之戕害。

和前辈马克思一样，阿多诺罕言美好社会或理性社会；同时他又像后来的米歇尔·福柯（1926—1984），对所有的制度都持高度怀疑的态度。阿多诺批判理论的实际目标，是想赋予个人一种能力，来抵御被整合进资本主义社会必然出现的同质化机制。个人自主权是这里面最重要的一种能力，用伊曼努尔·康德（1724—1804）的话来说就是Mundigkeit（有时译为“成熟状态”）——使用理性独立思考的能力。只是对于阿多诺而言，成熟状态与解放的关系是完全消极的：解放在现存的状况下只是意味着抗拒既定秩序，只是一种说“不”的能力，一种拒绝适应社会现实的姿态。与阿多诺不同，哈贝马斯想要弄清自主权产生于何种社会条件与制度条件：解放意味着创造出真正的民主制度，这样的制度有能力反抗资本主义与国家行政力量的侵蚀。

因此，启蒙的图景在《结构转型》一书中要比在《启蒙辩证法》里更为明朗和乐观。《启蒙辩证法》中的观点是，理性自身既是支配关系产生的必然原因，也是支配关系可能瓦解的途径。阿多诺和霍克海默的理论具有自觉的悖论性，它们为理解一种没有出路的困境提供了视角。而哈贝马斯关于公共领域的理论，则推崇在平等个人之间展开自由而理性的讨论；虽然这样一种讨论现在尚未实现，但无疑是值得追求的。

第二章

哈贝马斯研究社会理论的新方法

哈贝马斯早期作品

《结构转型》面世之后近二十年，哈贝马斯出版了第一部阐明其成熟理论的主要作品——《交往行为理论》。两部作品中间相隔的二十年绝非哈贝马斯的沉默期。事实正好相反，在这期间，哈贝马斯的创作尤其活跃，出版了好几部重要作品。如果说《结构转型》标志着哈贝马斯精神成长期的结束，那么之后几部作品则是他的探索之旅。在精神的征途上，哈贝马斯在他以前并不熟悉的黑格尔-马克思哲学传统中重新补课，定位了自己。他是通过提出三条相关的思路做到这一点的。

20世纪60与70年代期间，哈贝马斯对马克思及其思想遗产进行了长期的批判性研究。他的研究主要聚焦于马克思的理论假设：劳动是人类自我实现的基本范畴；人的自由可以意味深长地被视同生产力的解放和生产关系的变革。

正如法国社会理论家西蒙娜·韦伊（1909—1943）等前人所指出的，上面设想的自由并不能给人类带来解放、结束社会压迫。人与人的关系、人与人的交往不能混同于劳动和工作，因为后者

图8　卡尔·马克思。作为马克思主义社会理论家，哈贝马斯对马克思的社会理论持严厉批判的态度

是主客体之间的工具性关系，仅此而已，但是前者却是主体与主体之间的关系，主要是非工具性的关系。针对这个问题，哈贝马斯开始了对规范性结构的历史变革以及道德意识历史发展的研究，以此作为对马克思主义思想的补充和纠正；在他看来，马克思主义过于关注生产方式的发展了。通过这些研究，哈贝马斯获得的对社会的、人类交往的认知，要比马克思主义理论视野所能容纳的丰富得多。

在他学术的第二个阶段，哈贝马斯对威廉·詹姆斯（1842—1910）、约翰·杜威（1859—1952）、乔治·赫伯特·米德（1863—1931）、查尔斯·桑德斯·皮尔斯（1839—1914）等创立的美国实用主义传统，和从威廉·狄尔泰（1833—1911）到汉斯-乔治·伽达默尔（1900—2002）的德国阐释学传统产生了兴趣。这两种传统并非毫无关联，它们有一个共同的重要假设：哲学必须同现实生活发生并保持联系。哲学理论和概念必须对活生生的人在真实世界中的生活和经验产生影响，如此才有存在的理由。

第三，在批判马克思主义、研究阐释学和实用主义的同时，哈贝马斯开始了对科学、技术以及科学主义、实证主义思维方式的批判。虽然哈贝马斯比阿多诺和霍克海默受到了来自维也纳学派逻辑实证主义的更多影响，他对所有知识，尤其是社会知识，必须服从自然科学准则这一观点仍持批评态度。最终，哈贝马斯形成了一个观点，认为不同类型的知识——理论的、实践的、批判的——产生于不同背景，并服务于不同的人类愿望。理论知识建立在人类用技术控制自然的愿望上，实践的、道德的知识则建立在人类互相理解的意愿上，而社会批判理论和心理分析则是分别建立在集体和个人对于获得解放、摆脱幻觉、拥有自主权和实现美好生活的愿望之上。

虽然孕育着典型的哈贝马斯式主题，这些早期作品现在看来更多地具有传记和历史意义。通过《交往行为理论》（1981）一书，哈贝马斯的广泛影响力开始渗入一个完整的社会理论体系；从这一体系出发，他的社会、道德、政治理论得到了展开。这本书主要探讨社会学家马克斯·韦伯（1864—1920）、埃米尔·涂尔干（1858—1917）、塔尔科特·帕森斯（1902—1979），探讨黑格尔-马克思主义者乔治·卢卡奇（1885—1971）以及阿多诺和霍克海默的批判理论。这种探讨并不是文献综述。哈贝马斯采用了重建而非历史的方法，批判地借用了各种竞争的理论和历史先例。在为这种方法辩护时，哈贝马斯申明了他的主张：社会科学的范式（与自然科学的范式不同）相互之间并非历史承接关系；社会科学家并不因为偏好某个更好的理论而放弃原先的理论，因为社会理论之间是竞争的、可相互替代的关系，即似乎“具有平等地位”（《交往行为理论》上册，第140页）。相应地，所谓好的社会理论的一个标准，就是在何种程度上该理论能够与先驱理论和竞争理论相衔接，既阐明、保留它们的成功之处，又能补救它们的缺陷。为此，哈贝马斯提出了所谓的“系统目的之理论历史学”：正是这种结构精巧的综合性方法论，成就了哈贝马斯主要作品之宏富，也造成了这些作品令人生畏的冗长。

所以，我无意探讨哈贝马斯对于社会理论的历史的阐发，因为其本身可能带有相当的个人偏见；在此我准备讨论哈贝马斯著述的系统性意图。在《交往行为理论》一书中，他的直接目的就是要解决三个问题，在他看来这三个问题使属于上述传统的思想家们陷入了困境。

社会理论的三个问题

1. 社会科学中意义理解的问题

社会科学中意义理解的问题就是如何解释人类行为（或者说如何理解人类行为的意义）的问题。这里所谈的意义对应着德语中的Sinn。对于20世纪的读者来说，Sinn一词作为术语有两个截然不同的用法。威廉·狄尔泰等人首先使用了这个词，用它来表示人类行为的象征性意义。这里，它与短语“生活的意义”中的“意义”是同一个意思。但是，容易引起误解的是，戈特洛布·弗雷格（1848—1925）又用同一个词Sinn来表示词或词组所指称的对象被归入主项的方式。弗雷格区分了内在于语言的词的意义（Sinn）和该词处于外在世界的所指（Bedeutung）。“晨星”与“晚星”含义不同，但是两者都指金星这一行星。不过，我们暂时可以把Sinn的弗雷格式用法放到一边。

狄尔泰认为，人文学科（或Geisteswissenschaften），比如历史、哲学、法学、文学，是与人文研究有关的学科，它们在方法论上与自然科学并不相同。人文学科研究的是理解人类社会的方式，而自然科学必须解释外部事件或自然现象。狄尔泰认为，自然科学的、因果式的阐释不足以提供对人类心智和精神生活的理解。借助由经验观察所支持的理论，科学从外部解释事物；但是，人类行为还必须借由主观经验的立场从内部加以把握。比如，科学可以对人类身体的运动从物理学和生物力学的角度作出充分解释，但它却无法告诉我们奔跑这一行为的任何意义；它无法让人知晓，跑过我们身边的人是在赶时间，是在逃跑，还是在锻炼。要理解这一行为的意义，我们必须根据那个奔跑的人的主观经验来阐释。

狄尔泰之后，韦伯同样认为，必须把对人类行为的外部观察同对人类行为“内在”主观意义的理解结合起来。要实现后面这一点，就必须在与该行为相关的人类目的、价值观、需求和欲望的背景下去阐释人类行为。韦伯坚持认为，如果行为可以与恰当的目的和手段联系起来，即该行为可以被理解为具有动因，这一行为就在主观上具有意义，因而是可以理解的。如果不是这样，行为便**毫无意义**，和大部分动物习性无所区别，只能被解释为对外部刺激的反应。韦伯把对人类行为意义的追问，同对人类行为动因的探索联系了起来。

韦伯的行为理论较狄尔泰的理论自有其优点，同时也有很多缺陷。韦伯认为，阐释者只有移情式再现或复制被阐释对象的主观心理活动，才能理解被阐释对象行为的意义；但是，韦伯并没有充分说明这种移情式的理解到底是什么。韦伯对于行为持有一种二元论的观点，认为人类的内心世界是与人类外在的身体相分离的，所以身与心的关系在本质上依然是神秘的。结果，韦伯无法说明是什么条件约束了对于行为意义的阐释；这也意味着他无从解释，为什么行为人对于理性和非理性行为的判断可以与行为阐释者的判断相一致。因而，韦伯最终不能说明，为什么一个行为的意义可以在时光变迁中保持稳定并且经得起检验。

切入这一系列问题的一个更有成效的方法，是弄清哪些是行为人的主观信仰、欲望和态度，哪些是他们客观的"陈述性"内容。这样做了，我们就可以通过将行为人的主观目的或意图重构为实践推理的一个例子，来理解行为的意义。

1. 史密斯想要取暖。

2. 史密斯有一个烧木柴的火炉使房子变暖和。

3. 史密斯用光了烧炉子的木柴。

4. 史密斯知道他可以去拾些木柴劈成柴火，给炉子准备燃料。

5. 因此，史密斯应该去捡木柴、劈柴火。

以上推理表明，在上述情形下史密斯有理由去捡木柴、劈柴火。作为阐释者，如果我们假定史密斯对此推理过程的理解促成了他去捡柴劈柴的行为，我们便可以基于其外在行为表现，对其行为的意义获得充分的理解。史密斯行为的意义取决于从一到四几个命题的真实性，也取决于达到第五步的推论的有效性，这一推论既独立于史密斯也独立于阐释者的心理状态。

现在，这个接近标准的阐释行为的方法以韦伯的说明解决了问题。虽然哈贝马斯没有采取这个方法，他还是同意行为意义理论取决于语言意义理论，并赞成下列观点：

1. 要理解行为的意义，仅对行为作第三人称的外在描述是不够的。
2. 对于行为意义的正确理解取决于对行为动因的正确把握。
3. 行为动因以及行为本身，只有借助关于人类目的、价值观、需求、欲望和态度的背景知识才能得到正确阐释。
4. 行为意义以及行为动因，原则上可以为阐释者和行为人所共同认识，而非仅限于后者。

虽然如此，在哈贝马斯的眼里这个标准方法还是有缺陷，因为它错误地假定了人类是需求和欲望的前个体化的和前社会的载体。此外，它还假定每一个个体的人都是从个人的观点出发工具性地运用理性，因此公共的、共有的意义不得不依赖于私人的、个体的理性。最终，该方法抛弃了狄尔泰阐释学式的和韦伯心理学式的“意义”（Sinn）观念，而采用了与弗雷格式的“所指”（Bedeutung）更为接近的观点。与此相对，正如我们在下一章将会看到的，哈贝马斯认为语言学意义不能被简化为命题的真实性条件。

2. 非理性与意识形态批判的问题

路德维希·费尔巴哈（1804—1883）和卡尔·马克思之后的社会理论家都问过一个问题：为什么行为人那么心甘情愿地维护、复制那些妨碍甚至是阻挠他们实现自身利益的社会制度？为什么穷人、边缘人群、受压迫者会遵从那些制度与规则，不论它们是宗教的、经济的还是政治的，正是这些制度与规则将上述人群推入贫穷境地、将他们边缘化并且压迫他们？这些社会理论家对此的回答是：这些社会群体之所以会做出这样非理性的行为，是由于他们对于自己真正的利益是什么抱有错误的信念。马克思用“意识形态”（第一章中我们已经接触到了）这个术语来表示这样一种错误的信念。他已看出，作为社会哲学家，仅仅让受压迫的人意识到他们错误的信念是不够的，单凭用正确信念来取代错误信念不能带来社会变革。正如柏拉图曾说的，这不是一个把光线注入盲人之眼的问题。社会（对于马克思来说则是经济结构）有一种特质，能够使身在其中的人吸纳并追随这些意识形态，不论社会哲学家付出怎样的努力来为人们打破幻象。更糟的是，这些社会意识形态的长期存在对其母体——压迫性的社会制度——为虎作伥地起到了复制和支撑的作用。马克思主义社会理论家所面临的实践问题，就是要弄清并改变制造意识形态的机制，正是这些机制使人的所作所为损害了自己的真实利益。

这样的解释策略对人不无直觉上的吸引力，但缺陷也是存在的。一方面，马克思主义者在对意识形态进行批判时，必须为自己找到关于什么是意识形态发生机制的可靠信息，必须很好地解释，为什么他人的信息都容易受意识形态的蒙蔽而出错，唯独马克思主义者自己的不会。意识形态的批判者有两个选择。第一个选择，他使自己的理论免于被怀疑为意识形态幻觉。要做到这一点，他必须能够不受欺骗，对骗局的发生有足够的了解，从而能够避免错误观念的形成。（当我们了解纸牌魔术的玩法之后，就不会再认为这是魔法。）第二个选择，他不使自己的理论免受怀疑；在此情形下，就没有更多的理由对意识形态的批判者比对意识形态本身持有更多的信任。面对两难的困境，霍克海默选择了前者。根据其独创的批判理论观念，批判理论的跨学科性、反应性和辩证性应该可以使其免受意识形态的影响，从而使理论家对社会现实产生独有的洞察。类似地，阿多诺曾经宣称，由于成长过程中的一次意外，他幸运地对意识形态产生了免疫力。然而，批判理论家依旧身处尴尬境地：制造幻觉的社会机制越是深入，越是凶险，他们的主张就越不可能不受这种机制的影响。

另一方面，现在人们已普遍同意，意义的阐释必须建立在一个假设之上，即人总体上是理性的，且他们的信念大体正确。如果阐释者愿意接受在阐释对象中广为传播的错误和非理性，她实际上也就接受了太多对于阐释对象的行为的可能解释。（也许跑过你身边的那个人认为有一头看不见的熊在追赶自己。）这样一来，阐释者就失去了任何可靠的途径来确认哪种阐释是正确的，因而也没有途径去理解相关行为的意义。意识形态幻觉的观念如果不进行自我消解，就无法延伸至广泛的层面。假如过于随意地将许多东西归因于非理性，社会就将变得无法理解。正如我们在第四章中将看到的，哈贝马斯的社会理论回应了这个问题，他的做法是通过对交往行为和工具行为的区分来重铸意识形态观念以及与之相关的意识形态批判。对哈贝马斯而言，问题的答案并不在于很多人在自己没有意识到的状态下采取了非理性的做法，而在于他们由于受到经济、行政体制的塑造，表现出某些工具理性的行为特征。

3. 社会秩序的问题

与很多理论前辈一样，哈贝马斯对于社会秩序如何可能的问题颇感兴趣。这个问题常以托马斯·霍布斯（1588—1679）曾用的发问形式出现。霍布斯探究的是，具有可预测性的稳定社会秩序是如何从众多单个分散的个人的行为中产生的，这些个人当中只有极少数互相熟识，只有很少一部分人偶尔能通过明确的协定来协调各自之间的行为。霍布斯给出的答案是，社会秩序产生于法律和全能统治者的权威，并由武力和凛凛刑威作为后盾。

对社会秩序难题的霍布斯式解决所带来的问题已为人熟知。从个人的角度来看，违法、不服从社会规范的预期成本——惩罚——有时会远远小于这样做所带来的利益，在此情形下违法而非遵从法律才是合理的选择。工具性社会理论，即声称服从已有法律总能给每个人带来好处的理论，不能解释“搭便车”问题，无法说明为什么人们在违反法律似乎是合理选择、自己能从他人对法律的服从中获益的时候，还会去或者还应该去遵守法律。因此，社会秩序的难题并没有得到完全的解决。

面临这样的诘难，哲学家于是转向社会契约理论寻求社会秩序问题的答案。社会契约理论主张，社会秩序取决于明晰或默认的契约关系网络。然而，契约理论同样难以解释那些应该遵守契约条款的人们是何时并如何达成这一契约的，虽然这种解释并非完全不可能。此外，正如涂尔干所指出的，并非所有契约性的社会内容都已写入了契约。契约的观点并没有解释社会规则和规范为何存在，而是预设了一整套的社会规范，尤其是那些把尊重契约列为条件的规范早已存在。

涂尔干自己解释社会秩序的方式，是假设行为人遵从组成社会集体道德意识的规范。涂尔干认为他们这么做是出于积极和消极的两方面原因。通过社会化过程，他们逐渐将特定的制裁同违反规范联系了起来，并学会通过自觉行动避免受到这样的制裁。同时，他们逐渐习惯认同于或准备认同于他们所生活的社会的集体道德意识。美国社会学家塔尔科特·帕森斯发展了这样的观点，并形成了更为深奥的理论，认为成体系的规范和价值观念促成了社会合作与稳定。他声称，行为人获得了两种倾向，一是将道德的（非工具性的、他人导向的）考虑置于非道德的（工具性的、自我导向的）考虑之上，二是惩治不这么做的人。只要多数人形成了这两种倾向，社会秩序就得以维持，哪怕有人不时背离社会规范。即便确保服从的规范性机制有时不能正常运作，一种工具性的安全网络依然就位于其后，因为人们总是害怕不按道德要求去做就会受到惩罚。

哈贝马斯对于社会秩序问题的解答，是用创新的方式重组了这些理论的不同部分。我将在这里扼述其要。哈贝马斯说，人类行为总是主要通过说话或语言运用来调节的；每当行为人通过语言来协调其行为时，他们就承诺要通过充分的理由来证明他们行为（或言论）的正当性。哈贝马斯把这些承诺称为“有效性主张”。在后面几章里，我们将探究他所说的“有效性主张”和“有效性”所表达的意思。现在我们只需留意到，这些承诺有一种**道德**性质，因为它们对于行为人具有普遍适用性，是无法回避的，对于其他语言的运用者也能形成约束。有效性主张还具有**合理性**的性质，因为它们与充分的理由联系在一起。一个有效性主张就是一个承诺，证明某人向他人发出的行为和言论的正当性。这不仅仅是语言学和语义学的现象。有效性主张有一种实际的功能，它引导着社会行为人的行动。在现代社会，身处任何状态的任何行为人都会被要求证明自己行为的正当性，他们也预先承诺了这么做。这样，理由就为一系列互动提供了可见的边界，这些边界能引导行为人远离冲突。当社会行为人习惯于以语言和对充分理由的相互承认来引导他们的行为时，相对稳定的社会秩序的模式就开始成形，这样的模式并不直接依赖于刑罚的有力威慑，也不依赖于共同的宗教传统或先前的道德观念。

以上是对哈贝马斯成熟理论之观念基础的简要概述。这并不只是他的意义和合理性理论的基础，也是他的社会、道德、政治、法律理论的基础。这也意味着，我们要到第九章才能完整把握哈贝马斯对社会秩序问题的回答。但这并不是说，哈贝马斯的道德、政治理论只是他的社会理论的一部分，也不是说他的著述只是特别冗长和详细地解答了社会秩序这唯一的问题。哈贝马斯对于社会哲学、道德哲学、政治哲学的研究都具有独立的引人之处，但是正如你可以从之前的图表（图5）中发现的，它们之间又是互相支持的关系。哈贝马斯的道德和政治理论渗透于其社会理论，这折射了一个事实，即现代社会高度复杂，道德规范、国家法律、经济体制、行政体制和政治体制都是社会结构的基本部分。

第三章

语用意义专题

语言学转向和意识哲学的终结

哈贝马斯声称自己已经开创了社会哲学研究的新方法，这种方法始于对语言运用的分析，并能确定在言语中协调行为的理性基础。他把这种新方法同哲学中一个更大的转变，即“语言学转向”联系了起来。20世纪的许多哲学家试图通过对言语运用中固有的概念性事实的分析，来解决表面上看来很棘手的认识论和形而上学的争端，语言学转向这个短语最初就是指这些哲学家所做的不同努力。基本的理论方法就是，把关于何物存在、何物可知以及如何认知的问题视作语义、指代或意义如何产生的问题。哈贝马斯把类似的方法用于对社会的本质和社会秩序可能性的探究。

哈贝马斯的语言学转向不仅是朝向语言的一次转变，还是从他所称的“意识哲学范式”的一次转身。这两个转向是相辅相成的。意识哲学指的是一种极为广泛的哲学范式，可被总结为几个典型观点：

1. **笛卡尔的主体观：**这是一个为人熟知的观念，认为存在着某种被称为主体（或自我）的东西，它是心智的中心，被想象成由观念和感知构成的内在精神领域。

2. 另一个常一起出现的观点是**形而上学二元论**，认为存在两种不同的本质：思维和思维的派生物。这有时也被称为**笛卡尔的二元论**或**心物二元论**，因为笛卡尔认为心灵和肉体是两种根本不同的存在。

3. **主体–客体形而上学：**这是一种更一般性的观点，认为世界由作为整体的客体和众多的思维并行动着的主体组成，客体居于主体之上并与之相对。不把主体视为对象世界的一部分，这是该观点的显著特征。（并非所有的具有此特征的理论都是形而上学二元论。例如，黑格尔从内部改造了主体–客体范式，把世界看作具有自我意识的单一主体性精神的产物。所以黑格尔是一元论的主体–客体形而上学。）

4. **基础主义：**从狭义来说，基础主义指的是维也纳学派或"逻辑"实证主义的认识论教条，即知识的基础是感觉材料，或是一组原始的观测性句子。从广义来看，基础主义指自笛卡尔肇始的以寻求确定性为认识论目标的大部分现代哲学。

5. **第一哲学：**这种观点认为哲学要先悬置自然科学所确认的真理，而去为自然科学研究模式的有效性提供证明。在广义的基础主义哲学家那里，这种观点是很常见的，比如笛卡尔和康德两人都认为哲学的主要任务就是为正确的知识确立标准。

除此以外还有哈贝马斯认为与意识哲学有关的两个观点，这两个观点更直接地对社会理论产生了影响。

6. **社会原子主义**：社会哲学、政治哲学中的常见观念，认为单个主体在逻辑上、本体论上、解释方面要优先于社会的、政治的或伦理的现实。根据这种观点，共同体是离散的、纯建构的、前社会的、前理论的主体之间关系的总和。社会原子主义的中心论点是，单个的主体不是由单个主体之间的联系或者单个主体与整个社会之间的联系建构而成的，但是，社会或共同体是由单个主体间的联系建构而成的。这产生了一个结果：共同体不再被视为具有任何内在的价值，共同体的成员资格不再被认为本质上是有价值的。相反，共同体的存在是为了服务于单个主体先于共同体而存在的利益和愿望，共同体的成员资格只具有工具性价值。

7. **作为宏观主体的社会**：这种观点认为社会是一个宏观主体，在柏拉图、卢梭、席勒、黑格尔、马克思和涂尔干的作品中都有关于宏观主体的论述。该观点认为社会是一个统一的有机整体，不是单个人的集合或聚合，而是一种集体人格。

哈贝马斯并没有说，处于这种范式的所有哲学家都会接受意识哲学的全部代表性理念。实际上他们不能，因为这些理念之间并不一致。比如，第6和第7个理念之间明显不一致。历史证明，这些观点都发挥了重要的影响力，都深植于现代哲学，而哈贝马斯全部抛弃了它们——认识到这一点就可以了。

从语言学转向的分析开始，我们可以勾勒出哈贝马斯哲学的粗线条。首先，哈贝马斯的社会理论并没有把社会视作与众多主体相对立、偶尔发生互动的客体（或客体的集合）。社会世界不是一个对象，或者对象的集合，也不是严格意义上独立于我们的事物。相反，社会是我们栖息于其中的一种介质。我们“在社会中”，社会也“在我们中”，在我们思考、感觉、行动时。哈贝马斯从青年时期对海德格尔的研究中学到了这样的观点。第二个重要方面是，哈贝马斯并不将哲学视作学科中的学科，优先于自然科学的学科。哲学的任务是要从自然科学和社会科学中汲取素材，在学科间展开合作性研究。必要时，哲学要充当哈贝马斯所谓的“有坚决的普遍主义主张的经验理论”的替身，也就是说，哲学通过为经验性证明提供假说来填补自然科学中的空白（《道德意识与交往行为》，第15页）。最后一点是，哈贝马斯的社会理论把社会现实的主体间性这一维度放在了首位。社会不再是离散的单个主体的聚合，也不再是一个有机整体，每个部分都要服从于整体的目的。社会不是一个“宏观客体”，甚至也不是统一的。在第五章我们会看到，社会是一个复杂而成分多样的主体间的结构，有明显重叠的领域，身处其中的个别行为人之间存在着互动。

哈贝马斯的语用学意义理论

从正面的角度看，哈贝马斯的**语言学**转向还是一个**语用学**转向。哈贝马斯试图通过一种特殊的意义理论——语用意义理论的帮助来改造社会理论。20世纪90年代，哈贝马斯在他法兰克福大学的同事卡尔-奥托·阿佩尔的影响下，认为语言的意义并没有被命题意义所穷尽，意义具有“施事-命题的双重结构”，或者说命题意义和语用学意义是不可分割的。为了理解这个观点及它对哈贝马斯理论的影响，让我们对其展开独立的考察。

命题意义

根据当前标准的意义理论，句子的意义取决于它的真值条件。要理解句子的意义，只要弄清楚是什么决定了这个句子的真伪。意义的真值条件理论已被证明是持久和有用的。一方面，它可以解释一个关于语言的不寻常事实，即为什么从有限的有意义的词汇和用于组合的语法规则中可以生成无限的、复杂的有意义的句子。接着，这又解释了为什么我们可以理解从未听过的句子的意思。

但是，意义理论的真值条件模型也遇到了一个难题，即看起来它只对语言的一小部分——命题和描述具有合理性。它能很好地分析“雪是白的”这样的断言，但是，对于“你好吗”这句话就不大奏效了。要理解“你好吗”这个表达，必须知道这句话为真（或伪）的条件——这看来是一个荒谬的主张。有时语言本身的意义毫无问题，但是要说句子的意思或句子的部分意思依赖于它们的真值条件，听起来却很怪异，很多例子可以表明这一点。所以哈贝马斯认为真值条件语义学犯有“描述性谬误”。真值语义学把只适用于语言的某些方面的意义理论，即事实上的确具有描述或代表功能的命题，进行扩大而适用于语言的全部，这就犯了错误。这是哈贝马斯倾向于语用意义理论的原因之一。

语用意义

因为着眼于语言能**做**什么，而非语言**说**了什么，哈贝马斯的意义理论是语用学的意义理论，是关于语言**使用**的理论。他是从德国语言学理论家卡尔·比勒（1879—1963）对语言的定义入手的，这位理论家把语言定义为“人们交流关于这个世界的知识的工具”。比勒赋予语言三种功能，这三种功能分别对应着第一、第二、第三人称视角。这三种功能是：代表事态的“认知”功能；向听话人提出要求的“诉求”功能；描述说话人经历的“表达”功能。比勒用一张图表把语言的三种功能表示得清清楚楚。

比勒主张语言应用的任何例子都要涉及说话人、听话人和世界这样一个三角关系，语言理论必须顾及任何一方。哈贝马斯

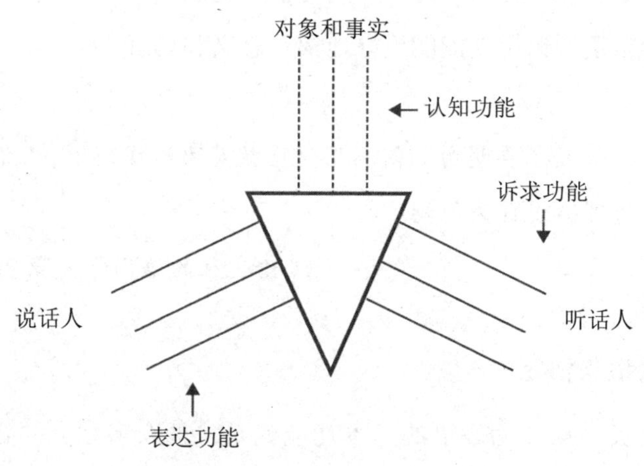

图9　卡尔·比勒的语言功能模型

同意他的说法，认为真值条件意义理论错误地只重视语言的认知功能，忽略了其他两个功能，没有考虑到说话人和听话人的关系。所以，真值条件意义理论无法充分解释为什么我们使用语言时，会用如此之多的不同方式来相互交流、协调行为。

哈贝马斯的观点是这样提出的：他认为言语的语用功能使对话者走向共同的理解并达成主体间的共识；相对于语言的认识世界的功能，语用功能具有优先性。真值条件意义理论把命题作为语言中基本的意义单位，而语用学意义理论则把说话当作语言中基本的意义单位。一句话由单词构成，在特定的情况下出于某个特定的目的，说话人对听话人说了一些单词，比如“窗户开着”。命题是单词所代表的内容或思想，在这句话里，命题就是**窗户是开着的**。在实际生活中，命题总是嵌在话中。不能说是哈贝马斯抛弃了真值条件意义理论，首先他只是否认它是意义的一种全面描述，其次他否认真值条件意义是基本的意义。相反，他认为通过分析言语的语用功能能更好地揭示意义和理解。

> 如果不弄明白如何利用说话就某事达成理解，人们就不知道理解说话为何物。
>
> （《论交往的语用学》，第228页）

共识与协定

哈贝马斯认为言语的基本功能就是协调众多独立的行为人的行为，并为交往互动有秩序、不起冲突地展开提供可遵循的看不见的途径。语言之所以能够实现这样的功能，是因为语言的内在目标（或终极目的）就是要达成理解并产生共识。哈贝马斯认为这是一个事实，即“达成理解作为人类言语的终极目的内在于人类的言语中”（《交往行为理论》上册，第287页）。他用德语单词Verständigung来表示达成理解和协定的过程，又用德语短语rationales Einverständnis来表示这个过程的结果，即所达成的合理的理解或共识。上述两词都源自动词sich verständigen，意指使自己被别人理解，但也指与别人达成协定。这是一种重要的模糊性，对解释社会秩序起到了关键作用。接下来，出于方便的考虑我将使用“共识”这个不甚准确的词，但请不要忽略上述模糊性。

哈贝马斯的理论声称，言语的语用意义表现在，言语具有建立说话人主体间共识的功能，共识又形成了他们接下来的行为的基础。哈贝马斯认为，言语能够完成这个功能，是因为说出的话的意义取决于说话背后的理由。我称此为理性主义观点，因为认为意义取决于动机是理性主义的一种表现。哈贝马斯称这个观点为“意义的有效性基础”，这样说也许更准确，但是也会造成误导，因为哈贝马斯是在特殊的意义层次上使用“有效性”这个术语。他是在语用学而非形式逻辑的意义上使用这个词。在命题逻辑中，“有效性”这个词指形式完整的句子之间的保真推论关系；而哈贝马斯用有效性（Geltung和Gültigkeit）这个词来指代的却与之大相径庭，在他那里，有效性指动机和共识之间的密切关系，用他的话来说，就是“与理由之间的内在联系”（《交往行为理论》上册，第9、301页）。

我所称的哈贝马斯的理性主义观点，其关键之处在于：言语的语用意义取决于其有效性，而说话人为达成共识而提出的理由则是有效性的基础。哈贝马斯还坚持认为，行为、言语、命题本质上是公共的、共享的；这是因为意义取决于理由，而理由本质上是公共的、共享的。共享的意义取决于共享的理由。（就此我们可以看出，哈贝马斯的语用学意义理论如何以截然不同的术语重构了公共领域主题，并且比起他的早期著作，更具有理论抽象性。）

现在，让我们来细察一下这个理论的具体内容。哈贝马斯认为，任何真诚的言语行为都提出了三个不同的有效性声称：真实性的有效性声称、正当性的有效性声称、真诚性的有效性声称。这些都是我们在前面一章结尾时接触到的承诺概念。有效性声称是**必要的**，因为它们总是可以理解成在言语行为中已经被提出来了：如果不预设我们说的话是出于真诚，是真实的、正当的，并且把这个信息传递给别人，我们就无法让别人理解我们，也无法说出任何有意义的话来。作为一个正当性有待证明的承诺，有效性声称承诺了提供合适理由。哈贝马斯称，在所有交往行为中，说话人必须提出全部三个有效性声称。根据言语行为的不同，比如是断言、是请求、还是声明，只有一种有效性声称能被听话人当作主题并接受。

当说话人提出一个关于真实性的有效性声称时，比如“雪是白的”，她其实暗示着有充分的理由使人相信这一点；如果有必要，她可以用这些理由来使听话人相信这句话的真实性。听话人在这些理由的基础上将会理解这个断言。情况实际上没有看起来那么简洁明了。问题是，当我对“雪是白的”这句话提出真实性的有效性声称时，我是在声称这句断言的内容，即“雪是白的”这一点是真实的呢，还是在说“雪是白的”这句话本身是真实的？一开始，哈贝马斯没有就这一点作详细说明：他声称说话人“可以理性地促使听话人接受他言语行为表达的意图，因为……他可以**担保**提供……具有说服力的理由，这理由能够经得起听话人对言语有效性声称的质疑”（《交往行为理论》上册，第302页）。现在，他主张真实性是同时针对言语的内容和言语本身提出来的。

对正当性的有效性声称，如果有什么区别的话，那就是更复杂些。哈贝马斯称，当我对言语的正当性提出有效性声称时，我同时对潜在的社会规范提出了正当性声称。例如，当我说“偷窃是错误的”，我就含蓄地表明了我能够给出理由，让听我说话的人相信偷窃是错误的。这里有两重复杂性。首先，哈贝马斯认为道德陈述，如“偷窃是错误的”并非真正的命题，并不具有真值。“偷窃是错误的”是“不要偷窃”的晦涩表达，说“不要偷窃”是真的或假的，没有任何意义，因为我们不会断言祈使句的真伪性。所以，尽管“谋杀是错误的”这一道德言论的内容看起来类似命题**“谋杀是错误的”**，实际上只是拐弯抹角地想说，“不要杀人”这个祈使句所传达的潜在规范的正当性已经得到了证明。由此可以得出结论，关于正当性的有效性声称必须是对潜在道德规范的有效性的声称，是提供理由来证明规范之正当性的承诺。

“正当性”是一个含混的概念，这是第二重复杂之处；它可以表示合适的、合理的、道德上允许的或者道德上必需的。提出一个正当性的有效性声称，可能就等同于声称在现有情况下这个规范是合适的，或者是合理的；这个规范规定的行为是允许的，或者是必须的。哈贝马斯的观点似乎是：对正当性提出一个有效性声称，就是声称这个重要的潜在规范是合理的，是建立在同道德领域有密切关系的特殊理由之上的。当规范被正确运用于特定场合时，对于所有相关人来讲，行为是允许的、被禁止的还是被要求的，就一目了然了。

关于正当性的有效性声称，这里谈的已经够多了。在第七章我还会再回到这个话题上来。哈贝马斯的理性主义观点认为意义取决于有效性，因为要理解言语的意义，听话人必须能够思考（并且决定是接受还是否决）与有效性的证明有关的理由。这里起到实际作用的是理由和有效性，而非真实性，这是关键的地方。哈贝马斯并没有说要理解一个命题的意义，我们必须知道使这个命题或真或伪的条件；他宣称的是，要理解言语（也包括行为）的意义，人们必须能思考并且接受或否定可被恰当地援引来证明其正当性的理由。用他自己的话来说，“当我们知道什么使言语行为可接受时，我们就理解了言语行为的意义”（《交往行为理论》上册，第297页）。

理解与意义

到目前为止，我一直都把哈贝马斯自称为形式语用学的理论描述为意义理论。读者也可能注意到了，我们一直都把意义的问题同理解的问题放在一起讨论。这并不奇怪，因为哈贝马斯社会理论新方法的提出，有部分原因就是为了解决意义的理解问题。哈贝马斯认为意义理论应该也是理解的理论，否则就把意义问题从说话人给予听话人素材、供其理解的背景中抽象出来了。换言之，他认为意义是关乎主体间的，而非一种客观事物。（请注意他的意义理论如何表明了他对意识哲学的舍弃。在哈贝马斯看来，意义不是由说话人同外部世界的联系决定的，而取决于说话人同对话者的关系；意义本质上是主体间的，不是客观的，不是词语与事物之间的两极关系。）

在哈贝马斯看来，言语意义的理解有四个不同的层面：

1. 辨明言语的字面意义；
2. 听话人对说话人意图的揣测；
3. 对用以证明言语及其内容正当性的理由的了解；
4. 对这些理由以及言语的恰当性的接受。

假设在某个阳光明媚的冬天，某一日在约克，我和我的邻居说“悉尼正在下雨”。尽管邻居知道这句话的字面意思，即真值条件，他还是不能算听懂了，因为仅仅根据这句话的字面意思，他仍然无法明白我说这句话有什么用意。假设这位邻居曾经告诉过我他准备移民澳大利亚，那么现在他对我的意图就会有所领悟了。也许我正在给他一个友好的提醒：地球另外一边的草并不总是更绿一些。但是，如果他认为我的天气预报没有什么依据，他也许会怀疑，也许会不相信我说的话。再假设，现在他知道我刚刚同在澳大利亚的兄弟打过电话，那么他就会考虑我的话的理由，从而对我的话达到完全的理解。为了理解，他必须考虑、接受我的话背后的理由，或者说认识到我的话关于真实性的有效性声称。

异　议

比起其他的理论研究，哈贝马斯的意义理论招致了更多的批评。我们已经提出过一些棘手的问题：真实性的有效性声称是针对断言本身，还是针对断言的内容？抑或针对两者？正当性的有效性声称是针对言语、行动，还是针对潜在的规范？这里的正当性概念取的是哪一层意思？在此我无法详尽讨论所有对这些批评的迂回回应，然而，如果不对两种主要的反对意见加以说明，直接从语用学意义理论过渡到哈贝马斯理论的其他方面是不妥的。

第一种反对意见集中于哈贝马斯的两个术语，即Verständigung和Einverständnis的歧义性上。主张社会秩序由共享的理解和意义决定，这与声称社会秩序取决于主体间的协定有明显相异之处。共享的理解和意义可能还远远不能促成协定的达成。很多社会理论家，比如契约论者，声称社会秩序取决于协定，并且遵守这些协定是有理由的。但是声称社会秩序只取决于共享的意义和理解又完全是另一码事了，如果这一主张成立，就更让人意外了。哈贝马斯的一个观点，即社会成员仅仅由于互相之间的理解就会遵守同样的社会规则和道德约束，常被指责为不合逻辑。

第二种反对意见针对的是那个有争议的观点，即存在着面对真实性、正当性和真诚性的三种不同的有效性声称。哈贝马斯否认只存在一种意义，即真值条件意义，也否定了不具有真值条件的句子，如“你好吗？”或“不要偷窃！”从技术上讲是无意义的。但是他提出的替代性主张，即存在着由三种类型的有效性声称所代表的三种意义，看起来甚至更无法说服人。以一个复合句为例：“她打了我一记耳光，这违反了会议规则。”这句话的前半句似乎作了一个真实性的有效性声称，而后半句似乎作了一个正当性的有效性声称。我们如何理解这整句话的意思呢？自然语言天衣无缝地把规范、认知、表述糅为一体，比如“这个学生剽窃了我的书！”这句话可以同时陈述一个事实、表达对践踏规范的行为的反对并且表露主观情感。哈贝马斯关于理解的理论似乎只是把这些不同方面拆散，再归入不同的有效性层面。

这些批评都可谓有的放矢，但是不要忘了，哈贝马斯对于语言、意义、真实的探究都被看作他的社会理论的前奏。比起社会理论对于意义和理解的理论的作用，他对意义和理解的理论对于社会理论的作用抱有更浓厚的兴趣，所以，他倾向于在语言哲学中选择有利的论据为己所用。我们不该因为哈贝马斯的意义理论中存在错误或误解，就抑制不住冲动去否定他的全部哲学。相反，我们应该重视哈贝马斯通过语用学意义理论为社会、道德、政治理论提供的洞见。

交往和商谈

交往行为和商谈的概念为哈贝马斯的语用学意义理论和社会、道德理论提供了链接的主要一环。目前的一般看法仍是，言语行为的意义取决于其有效性声称。有效性声称起到了一种保证或担保的作用，担保说话人可以举出支持性理由来说服听话人接受所说的话。很多时候，听话人默认这样的担保，这样的担保足以协调交流双方的互动。当某人理解了一个简单的口头请求并愿意答应时，说话人和听话人之间就通过达成共识，从交流直接过渡到行为，而这行为又是由有效性声称在暗中调节的。

那么，当交流失败、听话人拒绝了有效性声称时又是什么样的情形呢？当听话人要求说话人列出理由来支持其有效性声称时，行为人就在分歧的驱动下从行为进入了商谈。商谈是关于交流的交流，是在行为的情境下对未达成的共识的一种反思性交流。假设你要求我，当你在场的时候，不要在我自己的办公室里抽烟，我对你的请求表示抗议，因为我知道你也是个烟枪。我问你有什么理由这么要求我，你也许会回答说你最近戒烟了，不希望再受到诱惑回到老路上。听到这番话，我也许会接受你的理由，把香烟收起来。这样，按照哈贝马斯的观点，我们就进入了商谈（虽然持续时间很短），达成了理性推动的共识（rationally motivated consensus）（这个短语是对rationales Einverständnis公认的对等英语翻译），并自然地回到了行为的背景下。

关于商谈，必须指出四个重要方面。第一，商谈不是语言或言语的同义词，而是用来表示以理性共识为目的的反思性言语的一个术语（《交往行为理论》上册，第42页）。商谈原则上总是以理性共识为目标，即使在实际上无法达成共识的情况下也是如此。第二，“商谈”这个词并非特指哲学家和学究们所进行的罕见而特殊的语言活动，它指的是融入日常生活的普通推理和论证。然而，商谈并非只是语言游戏中的普通一种；根据哈贝马斯的观点，商谈在社会世界中占有一个特别重要的地位。他认为，商谈是调节现代社会日常冲突的缺省机制。这个假设是根据观察得来的经验。商谈的功能就在于更新或修复未达成的共识，并重新建立社会秩序的理性基础。这是基于商谈实践分析所提出的重构性主张。

第三，商谈概念和有效性声称概念密切相关。商谈始自听话人要求说话人支持其有效性声称的挑战。三种有效性声称（关于真实性、正当性和真诚性）分别对应三种商谈：理论的商谈、道德的商谈以及审美的商谈。

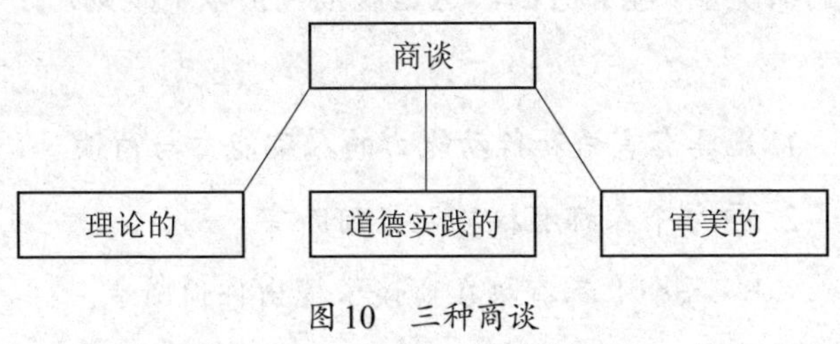

图10　三种商谈

例如，你要求我戒烟的请求引发了旨在支持关于正当性的有效性声称的商谈，这种商谈，根据哈贝马斯的理论，就是一种道德实践的商谈。任何由要求支持关于真实性的有效性声称引发的商谈就是理论的商谈。（此处必须注意，“理论的”这个术语在此适用的语境要比“规范的”更广。）

最后一点，商谈是高度复杂、具有严格约束条件的实践，不存在想说就说的自由。这是因为，论证包括了某些明确的、定形的规则。哈贝马斯把这些规则称作商谈的“理想化语用学预设”，或简称为“商谈规则”。

商谈的规则

哈贝马斯提出了三个层次的规则。第一层是基本的逻辑和语义规则，比如无矛盾原则和连贯性要求（《道德意识与交往行为》，第86页）。第二层是主宰过程的规范，比如真诚性原则，即每一个参与者必须心口如一；以及责任原则，即参与者同意应要求证明其断言，或不作论证但陈述理由。第三层是使商谈过程免于胁迫、阻挠和不公正的规范，这些规范能确保唯有“更优论证在无施压的情况下”能够胜出。这些规范包括以下规则：

> 1. 凡具有言语和行动能力的人都能参与商谈。
> 2. a）每个人都有权质疑任何断言。
>   b）每个人都有权在商谈中提出任何断言。
>   c）每个人都有权表达自己的态度、愿望、要求。
> 3. 没有人会因为来自商谈内外的胁迫而无法行使上述1、2两条规则所赋予的权利。
>
> （《道德意识与交往行为》，第89页）

哈贝马斯称商谈的规则为“语用学预设”，因为这些规则是商谈**实践**中潜在的预设。商谈的规则不怎么像拼字游戏或象棋的规则，后者有文字的表述；它更类似于语言的句法规则。我们可以顺利地遵循商谈的规则而无须知道这些规则的内容或意识到自己在遵守这些规则。哈贝马斯坚持认为这些商谈的语用学预设是**必要的**，因为商谈的参与者没有人能够在陈述理由或者接受理由的时候不作这样的预设。要进入商谈就必须允诺真诚、论证自己说的话，就不能自相矛盾、排斥其他参与者等等。反过来说，这些规则也是必要的。对于现代社会的行为人来说，交往和商谈是解决冲突的必然路径，这些规则已经深植于社会和每个人的品质中了。

最后，商谈的规则具有**理想化**的特征，因为这些规则引导商谈参与者以理性共识的理想为目标。有一种商谈，在其中所有意见都得到倾听，没有论证被武断排除在考虑之外，只有更优论证的力量能获胜，这样的商谈假如成功的话，就能基于所有人都接受的理由而产生共识。在现实生活中，由于时间有限并且参与者易于犯错，商谈只能是或多或少地接近理想。但是，这样的商谈仍然能够具有调节的作用，能够确保包容性、广泛性，防止欺骗和胁迫行为。这些理想是调节性的，但同时又是真实的，只要包含这些理想的论证实践是真实的。

如何识别商谈的规则，这是一个难以回答的问题。哈贝马斯认为，可以通过言语表述是否自相矛盾的判断方法，来表明商谈的所有规则都是真正必须的预设。“天要下雨了，但是我不相信”和“雪是白的，但雪并不真是白的”这样的句子都是自相矛盾的，因为说话人含蓄表达的真实性声称同句子的内容明显抵触。哈贝马斯声称，这是由于此类句子的语用意义同命题意义相矛盾。类似地，他认为，像“通过将一些人排除在商谈之外，我们取得了理性共识”这样的句子也包含了表述与行为的自相矛盾。这样，判断表述与行为是否存在自相矛盾的方法可以用来证明第一条商谈的规则；以此类推，全部的商谈规则都可以用这一机制来证明。判断一条规则是否是真正的商谈规则，只要看明显地违反这条规则是否会导致表述与行为的自相矛盾。

有效性、真实性、正当性概览

对共识、理性主义、商谈等命题加以综合观照，哈贝马斯的语用学有效性概念就有了明晰的重点。可以用有效性-共识的条件句来最简洁地阐明这一点：

> 有效性→共识：对于任何言语p：假如p是有效的，那么p便会服从理性共识的要求。

我试图用这个公式以更为形式化的方式，来表示有效性这个哈贝马斯哲学中的基本概念的结构。必须提醒的是，在哈贝马斯的作品中我们无法找到这个或者接下来的两个公式。它们只是非常简明的抽象，我希望它们能有助于把握哈贝马斯对有效性、真实性、正当性相当冗长、散漫的表述，并使三个概念之间的关系澄明起来。

说一句有意义的话或者同他人进行交流本质上就是提出有

效性声称，提出理由来说服根据上述规则参与商谈的人。与其说是真实性，毋宁说是有效性构成了意义理论的基本概念——这只是哈贝马斯的一个观点；他还强调，真实性本身就可以被理解成有效性这个基本类属概念下的一个实例。他这么说是想表明，真实性概念同理由有同样的关系，具有同样的引出共识的语用功能。

> 真实性→共识：对于任何言语p：假如p是真实的，那么p便会服从理性共识的要求。

进而，哈贝马斯认为正当性也可以被理解为这个基本概念的一个实例。正当性概念因此可以用下面这个略有变动的公式来表示：

> 正当性→共识：对于任何规范n：假如n是正当的，那么n便会服从理性共识的要求。

当我发表道德意见时，我默认了行为背后的规范。正如我在断言p这一行为中承诺了p的真实性，所以当我说“偷窃是错误的”时，就承认了这句话背后的规范：**不要偷窃**。基本的一点就是有效性的不同方面：一面是断言，另一面是道德行为和言语行为，与命题和言语表现有同样的结构和语用功能。

哈贝马斯的结论是，真实性和正当性这两个概念具有类似的结构功能，上面的几个公式表明了它们之间的相似之处：都是条件命题，左边是有效性、真实性、正当性，右边是理性共识。所有被称为有效、正当或真实的，都必然会在符合规则的商谈中从参与者那里获得认同。这里“必然”两字只适用于特定的语用意义，即说话人、听话人和通常意义上的行为人都不可避免地要在有效性声称和共识之间寻找联系。“假如……那么”句式中的关联词表示的是语用学的意义，而非逻辑联系。

最后，哈贝马斯为我们提供了针对这种类似关系的解释。真实性和正当性之所以具有类似的结构与功能，是因为两者都是正确性这唯一的基本范式的具体表述：真实性和正当性是有效性这个属下面的类。

在后面的章节里，我将对正当性以及正当性与真实性的关系作更多的探讨，对商谈的概念的论述还要更多。现在我们必须适时转而讨论哈贝马斯的社会理论专题了。

第四章

社会理论专题

哈贝马斯的社会理论提出的基本问题是：社会秩序是如何可能的？哈贝马斯的回答是，在现代世俗社会中，社会秩序主要取决于交往行为（通过有效性声称协调的行为）和商谈，这两者是建立、维持社会的完整性的基础——它们为社会的一体性提供了黏合剂。哈贝马斯对该问题的回答借助了一个理论，该理论由两个互相支持的部分组成，两个部分大致对应于《交往行为理论》的上册和下册。第一部分主要是概念性的。哈贝马斯区分了交往行为和工具行为（或策略行为）两个范畴，他还试图表明后者寄生于前者之上。第二部分是社会本体论，一种关于社会形态和社会构成的理论。哈贝马斯主张现代社会由社会性的两个基本领域，即生活世界和系统组成，它们分别对应于交往行为和工具行为，并且是这两种行为的发生场所。

概念之争

哈贝马斯区分了两种行为，一种是交往行为，另一种是工具性、策略性行为。（我把工具行为和策略行为归入了一类，但是，实际上这两种行为之间也有重要区别：根据哈贝马斯的看法，工具行为是指行为人将行事当作达到某个目的的手段；策略行为也是一种工具行为，但它指行为人支配其他人行事来达到自己的目的。对我来说关键的是，这两种行为都不同于交往行为。）

工具行为是工具理性的实践结果，是为了达到既定目标而对最佳途径的谋划。哈贝马斯认为工具行为有两个判断标准：首先，行为的目的是先于、独立于手段而设定的；其次，行为目的得到实现和对客观世界进行干预之间有因果关系。交往行为不符合这两个标准，因为交往行为的内在目标，即承认和接受有效性声称，不能独立于其实现的载体——言语——而被设定；这个目标也不能通过因果链实现。

为弄清其中原因，我们先回到之前举过的例子。为了不让我抽烟，你可以直接用灭火器指着我，说“如果你点燃香烟，我就用这个把它扑灭”。假定我完全有理由相信你会说到做到，也不想浑身湿透，那么你就成功地使我顺从了你的意愿。但是，我的服从不是心甘情愿的，因为认真考虑之下我无法选择拒绝。所以，你是强迫、胁迫我答应了你的要求。上一章描述的则是另外一种情况，你在我接受你所提出的理由的基础上取得了成功（我答应了你的要求）。这样的接受或者说共识的达成不是你强迫的结果，而是双向交流的结果，好似你邀请我参与到这个交流过程中来。

哈贝马斯认为交往行为和工具行为是完全不同的行为类型，但是它们又是基本的行为类型，不能再分解成其他更简单的行为类型。两者之间的区分既是概念性的，又是现实的。理解行为的途径有两种，真实的行为人同社会世界进行互动的途径也有两种。

哈贝马斯论证的第二个环节更难以理解。他想要得出的结论很清楚，但是论证过程却并非如此。他想要表明，首先，要充分解释社会，就必须把交往行为概念放在首位；其次，在现实世界中，所有成功的行为都取决于达成共识的能力。为了说明这个结论，他对言语行为理论展开了分析，尤其是对**以言施事**和**以言取效**两种作用进行了区分。牛津哲学家J.L.奥斯汀（1911—1960），普通语言哲学的开创人之一，首先提出了这个区分。一如往常，哈贝马斯改造了奥斯汀的区分来为自己的理论服务。对哈贝马斯来说，言语行为的以言施事作用的目的就是要引出理性共识，或者说通过达成共识来实现一个目的（比如，让我不吸烟）。前面一章的例子已经很好地说明了这一点。你话中的以言施事目标不仅要我放弃吸烟，而且要我接受你的请求，将其视为有效的或是合理的，**并且**要我自觉地顺从你的请求。与此相对，以言取效是言语行为的效果，它与促成理解无关。我的警告对你也许是一个警醒，也许更有可能让你发笑。以言取效的作用须待后观，也许是正面的，也许是负面的，也许两者都不是。

哈贝马斯认为言语行为具有自我阐释的能力。看到有人在我前面沿着道路奔跑时，他也许正在逃跑，也许正在赶往某地，也许正在锻炼。通常，我会根据他的行为或者外表以特定的命题态度看待他，从而解释他的行为。我们在第二章的劈柴人例子里就是采取了这样的做法。但是对于言语行为我没有必要这么做，因为言语行为以言施事的目标是公开的。例如，在一个研讨会上，我要求坐在窗户旁的一个学生打开窗户，她知道我的目的是什么，很可能对于我的动机也很清楚。我的言语行为表明了我的意图和目的。但是，言语也可以策略性地用来达到隐蔽的目的或发挥以言取效的作用。我可以大喊“着火了！”来疏散图书馆里的人，只要我保持适度的惊恐状态。但是只有听见的人认为我真的是在警告他们着火了，我的意图才能成功实现。他们也许能理解我**说**的是什么意思，但是却不知道我说这话实际上在**做**什么，因为我的言语的以言取效目的并不是大家都知道的。要了解我的言语的真正用意，听话人必须多少领悟我潜在的或隐藏的策略性目标。只有通过以言施事的言语行为，这种领悟才有可能实现。哈贝马斯对言语行为的分析想要表明：由于以言施事的目标原则上是公开的，所以从理论和语用学角度来看它要比以言取效的目标更为基本。哈贝马斯把这个观点推而广之到工具行为和策略行为，并推出这两种行为寄生于交往行为之上，而后者是基本的、独立的。在哈贝马斯看来，你用灭火器威胁我的举动也许能产生想要的效果，但是我只有在理解并接受你这么做的理由之后才会完全理解你行为的意义。

哈贝马斯的分析是有争议的，他的推理过程也很难把握，但是我们可以看到他的目标结论：言语行为和一般行为的意义无法从工具的角度加以理解。在哈贝马斯反驳针对社会秩序的个人主义和工具性描述中，这是一个关键之处。原子主义和工具主义对社会的理解不能解释行为人之间的交往现象，因此忽视了交往的社会整合作用。现在我们可以理解为什么哈贝马斯认为，理解行为意义这一问题的标准答案将错误的意义理论与对合理性的错误理解结合了起来。通常的观点认为，行为的意义取决于根据单独个人的外部行为表现而得出的命题态度的真值条件，还取决于这些个人头脑中的逻辑推理。该观点的结果是，会把社会误认为是单个理性的人的集合体，每个个人都在考虑实现个人目标的最佳途径。这样的社会认识与流行的人类学观点相一致，这种从古希腊经过早期现代哲学流传至今的人类学观点认为，人类本质上是自私利己的。在霍布斯或理性选择理论的影响下，当代社会哲学以同样的眼光看待社会。在哈贝马斯的眼里，这样的理论忽略了交往和商谈在促成行为人之间形成社会纽带方面所起的关键性作用，因而对于人与人之间的关联认识不足。

社会本体论

哈贝马斯的社会本体论是关于20世纪晚期社会结构的理论。在他理论的中心是生活世界和系统的区分，生活世界和系统是两种完全不同的社会生活领域，拥有各自独特的规则、机制、行为模式等等。生活世界和系统分别是交往行为和工具行为的母体。在他的理论中，哈贝马斯又一次强调后者，即系统，依赖于前者。在探讨生活世界和系统的关系之前，我们需要仔细分析这两个概念。

生活世界

生活世界指我们与他人共同生活于其中的平凡世界。德国哲学家埃德蒙·胡塞尔（1859—1938），现象学的创立人，马丁·海德格尔的师长，首次使用了这个词来强调普通人的自然的、前理论的世界观同自然科学的理论的、客观化的、数学化的视角之间的对比。哈贝马斯遵循同样的理路。他用生活世界来表示非正式的、未市场化的社会生活领域：家庭和家务、文化、非党派政治生活、大众传媒、志愿者组织等等。

这些未经调节的社会领域提供着共享的意义和理解，并为日常社交提供了社会视野。这个视野是交往行为发生的背景。对视野进行的现象学比喻是有教益的。视野标示了人类在正常情况下视界的局限性。视界是统一的，但并不完整，因为视界不能一览无余。我们不能把整个视野尽收眼底，我们只能一次注视一个方向。视野也是被视角所分割的：虽然程度很微小，但当我们移动时界线在变动。相反，几何图形的界线，或者一片土地，都是固定的、可以量度的。

通过类比，关于生活世界的共享的意义和理解形成了一个统一体，但并非整体。这张统一体之网的任何部分都可以主题化或者被纳入视野，但是整个统一体却不能同时主题化。生活世界的内容可以修改或变动，但是在生活世界中，任何变动都必须是极微小和渐进的。要注意的是，这种变化虽然是渐进式的，却可能带来根本和彻底的变革。为什么生活世界的每一个部分最终不应被改变或替换，这一点原则上无法解释，这是生活世界和语言所共有的特征，并且不是出于偶然，因为交往是生活世界的中介。奥图·纽拉特（1882—1945），维也纳学派语言哲学家，用一个生动深刻的意象点破了我们的语言状况。在公海泛舟时，无法把船送进无水的船坞，从外部检查船的状况；但我们可以一次一块地换下腐朽的船板，同时继续漂浮在海面上。生活世界也是如此。在哈贝马斯的理论图景中，交往行为和商谈担负着不断修复生活世界腐朽船板的任务。

生活世界拥有许多功能。它为行动提供了语境，也就是说生活世界由共享预设和背景知识以及作为共识基础的共享理由组成。只要这个共享的语境存在于背景中，或者用哈贝马斯的话来说，未被主题化，它的作用就将是隐藏的，但它依然能发挥促成共识的功能。因而，一方面生活世界是社会整合的力量，同时，社会世界提供的协议平台也是产生批判性反思和分歧的可能性条件。

总而言之，生活世界起到了保存社会意义的作用，它使异议、分歧、误解发生的可能性最小化，而在任何个人交往与商谈中这些都是常见情况。每当交往行为取得成功时，所达成的共识就反馈到并且作为新鲜血液补充到生活世界中。这样一来，生活世界支撑了交往行为，交往行为反过来通过丰富共享知识繁荣了生活世界。生活世界从而扮演了防波堤的角色，阻止了社会的瓦解，抵制了意义的分裂，防止了行为冲突的爆发。

最后，生活世界是社会象征、社会文化再生产的中介。虽然传统的延续要穿过交往和商谈的批判透镜，生活世界却是延续传统的载体。在社会不发生巨变的正常情况下，生活世界充当了技术、实践、科学和道德等各方面知识传承和发展的中介。

系　统

系统指的是积淀下来的结构和已确立的工具行为类型。根据它对行为人有何种外在目标要求，系统可以分成两个不同的子系统：金钱和权力。金钱和权力一方面形成了资本主义经济各自的“操纵媒介”（即内在的指导、协调机制），另一方面形成了国家行政管理及相关的机制，例如公务人员和国家认可的政党等。哈贝马斯认为金钱子系统和权力子系统深植于社会生活的表层之下，行为人很自然地陷入预设的工具行为的窠臼之中。例如，任何在公司工作的人，不管是上层管理还是下层雇员，在追求经济利益时都会受制于角色定位而表现出典型的行为特征。由于工具行为的目标是预先确立的并且不会考虑达成共识，所以大多数系统内行为的最终目标都是预置的，而非系统内行为人的自主选择。甚至，这些最终目标对于努力实现它们的行为人也不是显而易见的。不管他们意识到没有，曼联俱乐部球迷的行为是在给曼联公司送钱，以便于该公司为其股东派送红利。

金钱和权力这两个子系统的主要功能是进行社会的物质再生产，即商品和服务的生产与流通。除此之外，还有一个类似于生活世界所具有的重要功能，即对行为进行协调和独有的对系统的整合作用。哈贝马斯称这种作用为“系统整合”，对应于生活世界的“社会整合”作用。当社会随着工业化和现代化的产生发展而变得更大、更为复杂，同时人口流动性加大时，社会整合的目标就更难以实现了。在这样的情况下，经济和行政等系统减轻了交往和商谈的重负，对社会的整合起到了作用。

至此，我们已经可以看出哈贝马斯与阿多诺、霍克海默的区别所在，后者对一般意义上的工具理性和具体层面上的资本主义经济制度采取了几乎彻底否定的态度。哈贝马斯对于工具理性**本身**并无敌意，对政府和市场经济这类包含了工具理性逻辑的体制也无敌视态度。他认为两者都具有重要的、不可或缺的社会功能，废除或不设立两者都不是上策。

生活世界和系统的一些区别

哈贝马斯承认了系统对于社会生活的作用，但是同时他也尖锐地指出了系统整合所固有的危险。一方面，金钱和权力这两个子系统使行为人的目标与理解和共识相脱节，导致了两个后果：首先，我们可能（实际上也经常）忽视经济行为和行政管理行为的深刻意义或重要性。系统创造并加强了行为类型，身处这些类型之中的行为人隐藏了他们的目的，对行为的结果也并不加以反思。系统因此具有内在的不透明性，同生活世界（交往行为的发生场所）形成了对比：在生活世界中，行为、言语以及行为目标的意义能够容纳不同意见并可以被理解。其次，系统内行为人的最终目标（与生活世界中的行为人不一样）并不能真正由他们自行决定。他们可以选择行为的方式，但是不能选择行为的最终目标。所以，一般来说生活世界有助于自主权的形成，我们可以把自主权看作以系统所不能的方式对自定目标展开的追求。

行为人可以通过以下方式认识这一区别：生活世界中的行为

人通过有效性声称来协调各自的行为。这一过程加在行为之上的约束条件是行为人所自愿承担的，它们来自且内在于行为人对有效性声称的相互承认。与此相对，金钱和权力系统把外在约束条件强加于行为人所无从自主选择的行为之上。这样一来，系统就呈现出哈贝马斯所谓的“准自然实体的堡垒”的面目：这是一个人力所无法控制的、具有自主逻辑内核的独立实体，对此实体人类不能也不必负责。

生活世界的殖民化

哈贝马斯已经表明，现代社会存在于系统和生活世界的脆弱平衡之中。但是，由于系统内嵌于生活世界之中，实际上又是寄生于生活世界之上，所以生活世界享有优先权。哈贝马斯认为生活世界是独立又自给自足的介质，而系统却不是。系统只能在来自生活世界的意义资源的基础之上运行。这是个具有经验主义意味的命题。然而，这个命题又是哈贝马斯在对交往行为优先权进行概念性论证的基础之上提出来的。由于生活世界包含了各种类型的交往行为，系统包含了各种类型的工具行为，而交往行为又优先于工具行为，所以生活世界必须优先于系统。

问题在于，虽然系统内嵌于生活世界并且依赖于生活世界，前者却倾向于侵蚀、取代甚至是破坏后者。系统这种对生活世界**进行殖民**的倾向导致了系统和生活世界之间平衡的脆弱性，乃至造成失衡和不稳定。生活世界殖民化这一观念指的是众多最终有害的历史与社会进程的集合。首先，作为主导机制的金钱和权力从生活世界中分离出来，资本主义经济和行政系统逐渐脱离家庭、文化领域以及如大众传媒这样属于公共领域的机构。随着工具行为之网越来越繁密，它们逐渐侵入生活世界并弱化了后者的功能。策略性决定留给了市场或者是被交到了专业控制者手中。生活世界的透明性蒙上了荫翳，公共监管和可能的民主控制对行为和决议的基础不再发挥作用。随着版图的收缩，生活世界渐渐呈现形形色色的病状，哈贝马斯称之为“社会病理”，其中包括市场在非市场领域拓殖产生的负面效应，但并不局限于此。

生活世界殖民化导致的病理

1. 共享意义和相互理解的减少（失范）
2. 社会纽带的侵蚀（分裂）
3. 无助感的增加以及缺乏归属感（异化）
4. 由此导致的不愿为自身行为以及社会现象负责的心理（道德沦丧）
5. 社会秩序动荡和崩溃（社会动荡）

最后，由于系统实际上依赖于生活世界，生活世界殖民化过程也导致了系统的动荡和危机。虽然哈贝马斯没有采取简单化的反市场或者反系统的立场，但他对于系统（例如资本主义经济、国家以及其他管理组织等）对社会生活和社会成员可能造成的伤害却有非常清楚的认识。

哈贝马斯的社会理论是批判理论么?

哈贝马斯在《交往行为理论》一书中的主要目的之一，是要为阿多诺和霍克海默的批判理论提供一个更有成效的、经验上可靠的、方法论一贯的替代性理论。因此，他的社会理论就被设计成了批判理论。但是，到底是何种意义上的批判理论呢？一些比哈贝马斯更“左倾”的批评者认为哈贝马斯的社会理论根本不具有批判性。他们认为，哈贝马斯的理论分析是对混合经济和立宪福利国家所作的迂回冗长的正当性证明，同时又是对中间偏左的德国社会民主政治的辩护。这种评论不仅苛刻，而且错误。哈贝马斯关于生活世界殖民化的理论，为“现代社会到底出了什么毛病？为什么？”这两个问题提供了创新的、深刻的、精妙的答案，同时又解释了失范、异化、社会分裂这些现代社会所承受的病痛的病理。

哈贝马斯并没有仿效意识形态批判的模型，他的社会理论没有采用把广泛存在的过失和非理性归因于行为人这种自我否定的策略，来推定性地解释为什么行为人愿意承受压迫性社会机制和社会行为并且使之永久化。相反，哈贝马斯将它们归因于内在于系统的潜在或隐藏的策略性或工具性目标。压迫性社会系统之所以持续存在，不是因为行为人误解了自己的利益，而是因为他们的行为落入了预先确立的、极度复杂的工具理性模式之中。因为社会系统内在的不透明，行为人无法凭借自身能力理解行为的意义并为这些行为负责。

哈贝马斯社会理论的批判性是否来自它能为病态社会提供补救措施？这也许是问错了问题。哈贝马斯提供了一种社会理论，但是理论并不提供药方。当然，如果哈贝马斯的理论正确，以下做法就是有益的：通过遏制金钱和权力系统来保护生活世界使其免于殖民化；确保有足够的未被监管、未被市场化的社会生活领域来创造社会整合，来嵌入金钱和权力系统。如果给出了暗示的答案，答案就不会是废除市场和行政管理（经济和国家），而是遏制两者。然而，如果可以在实践中实现这一遏制的话，又该如何来实现，由谁或什么来实现，这些问题依然没有明确答案。（有趣的是，哈贝马斯将此视作一个社会使命，而非政治使命；类似的结论可以在《结构转型》中看到，这本书寄托了哈贝马斯通过公共领域复兴带来解放的希望。）在《交往行为理论》中，哈贝马斯坦率地表示没有行为人（不管是集体还是个人）有能力完成这个使命。至于国家，只要它不是完全受到经济的约束，就还是系统的一部分，因而也是问题的源头之一，而非问题的答案。哈贝马斯将改革的希望寄托于民主福利国家系统，只要个人道德信念和具有政治诉求的非暴力抗议组织能够对这个系统施加影响。

问题是，这样的组织——时常被称为"新社会运动团体"——实际上并无权力。如果通过选举进入政府获得了政治权力，他们可能只是被管理和政治系统同化。哈贝马斯理论所指出的唯一社会变革力量处于劣势，不可能阻挡生活世界殖民化进程，更不用说扭转这个过程了。尽管哈贝马斯与霍克海默和阿多诺有诸多不同之处，在哈贝马斯理论中还是可以听到后两者的社会批判理论中的悲观主义回声。

这是否表明了哈贝马斯的社会理论批判性不足，或者干脆说他所作出的一个估计，即当代资本主义社会中能够阻挡市场和行政管理无情扩张的因素寥寥无几，是正确的、有现实基础的？首先，哈贝马斯否认理论能够具有马克思所说的那种革命性批判力量，历史上也不曾有过。对于社会理论所能达成的目标，哈贝马斯有着远为谨慎的想法。社会理论自身不是社会变革的工具。它们只是提出真实性的有效性声称。实际一点来说，社会理论至多是有用的分析工具，可以帮助我们区分现代社会有害的与进步的倾向。哈贝马斯当然想消除社会压迫，他的生平和他的著作都可以基于这个目标来加以理解。他一直都是一个激进主义者和改革家。然而，他又是一个现实主义者，知道他的社会理论能够直接起到的最重要作用就是帮助人们理解社会压迫的根源。

哈贝马斯的社会理论从其他角度来看也许算不上具有批判性，因为他刻意地避免对现代社会作任何明确的道德批判。有些话哈贝马斯不会去说，比如市场的扩张把人变得冷酷无情、锱铢必较、自私自利，使人只把他人看成实现自己目的的手段。他这么做是有充分理由的。哈贝马斯的社会理论同阿多诺和霍克海默的内在批判一样，意在同道德批判有所区别。他的理论意在公开表明自己的规范性基础，不依赖已有的关于善的道德理论或观念。哈贝马斯对于现代社会的批判在这个意义上是功能性的，而非伦理的或道德的批判。生活世界的殖民化是有害的，因为它阻碍了生活世界正常功能的发挥，剥夺了交往和商谈（共享的意义和观点、社会秩序、归属感、社会稳定性等等）所能带来的社会利益。

尽管如此，由于交往和商谈的观念对于规范的强调，哈贝马斯的理论分析带有不可磨灭的伦理印记。交往行为建立在对有效性声称**相互承认**的基础之上。在生活世界中，言语的行为协调机制迫使人们重视其他说话人、听话人、行为人以及他们的理由。商谈存在于规则之中，这些规则保证了平等地尊重所有行为人，保证人们之间的普遍团结。平等、普遍性、包容这些理想已经铭刻在生活世界的交往实践上，行为人仅依靠交往就能遵从这些理想的要求。所以，生活世界的社会化就是一种道德化，即习惯于按照这些理想的要求行事的过程。相反，系统则不断强化以他人为手段的工具性习惯，并且鼓励对他人的目的采取冷淡态度。在这里，我们就不禁要回想起阿多诺对中产阶级冷漠、麻木秉性的评价，他说“没有这种秉性，奥斯威辛惨剧就永远不可能发生”。两者的主要区别在于：根据阿多诺的看法，最终导致残酷人际关系的冷漠人性是从康德式道德自主、理性自律的消极面中产生的未曾预料的后果。对哈贝马斯而言，类似的现象要归因于系统对生活世界的殖民化的非**道德化**效应，而不能归咎于道德观本身。总而言之，哈贝马斯“社会病理”的医学比喻包含了未言明的、暗示的道德机锋。表面上来看，他的理论是说生活世界的殖民化导致了社会运转失灵；在更深处，他的理论暗示了这样的社会功能障碍产生了存在道德缺陷的个人。

第五章

哈贝马斯的现代性理论

哈贝马斯哲学既有系统性，也有历史性。通过对黑格尔、马克思和阐释哲学的研究，哈贝马斯意识到社会理论的目标和原理都有自己的历史。正如尼采曾经说过：“只有不存在历史的事物才可加以定义。”社会有历史，所以无法定义，但这不等于说无法阐释社会，只是必须结合社会历史来阐释社会。哈贝马斯的哲学以一种风格（虽然这种风格有可能激怒历史学家）阐释了社会。到目前为止，我还没有谈及以下事实：哈贝马斯的社会理论诊断、批判了社会生活的**现代**形式，商谈伦理学则论证、阐述了**现代**道德观。现在，该重点探讨关于现代性和现代化的理论了，这有助于看清哈贝马斯社会理论隐含的道德之维。通过解释道德观和现代性的密切交织关系，可以揭示殖民化的有害社会作用为什么会对共同体的道德伦理产生影响。

在某种程度上，现代性标明了一个在时间上有起始点的时间段（或者是同某个时间段有密切关联的一套观念）。至于这个阶段是否已经成为过去，或者还在展开；假如这个阶段已经过去，我们是否应该额手相庆，欢送它的离去——这些都是在20世纪80年代《交往行为理论》出版之时极有争议的问题。（令人高兴的是，现代性被当作一个亟待解决的重大问题的阶段看来已经结束了。）然而，现代性不仅是一个时期，它还标明了同社会、政治、文化、制度、心理学有关并产生于特定历史进程的情境。

在这个意义上，现代性同“现代主义”这个标签之下的各种艺术作品和艺术风格有关，但与此又相区别。作为一个艺术家，是否接受“现代主义”是一种自我选择，但现代性不是这么回事。你可以选择（或者拒绝）现代主义，但现代性注定选择你。像我这样讨论哈贝马斯关于现代性的“理论”是合乎理性的做法，但是，这类讨论不像商谈伦理那样是一个独立的专题，而是被引入各类研究之中的观点和假设的一个集合。

粗略来讲，关于现代性的理论可以分成两个部分。在该理论中，关于西方社会从中世纪末到20世纪晚期发展的历史叙事非常宏富，其中尤为重要的是该时期中世俗道德观从基督教传统中诞生这一次级情节。另外，哈贝马斯对社会发展的内在逻辑进行了高屋建瓴式的重构，建立了关于社会进化的理论。让我们依次来解读这两方面。

历史叙事

现代化以及价值领域的分化

我们已经看到了哈贝马斯关于现代社会起源和本质的一些观点。根据哈贝马斯的描述，现代化是一个包含了各个相关发展阶段的过程，有些过程我们早已经历。首先，知识，尤其是自然科学知识，从17世纪起经历了巨量的增长。中世纪科学通过零星的观察把一些想当然的属性归给各类物质，这些不可信的方法主要建立在亚里士多德的权威之上。后来这种方法逐渐让位于两种新方法。一种是结合了精确测量技术和数学理论结构的更系统化的方法，另一种是用公式表达、验证预测性假说的新方法。这些新科学成功兴起并占有了一个显赫位置，由此导致（历经几个世纪，并同其他因素相结合）的结果就是亚里士多德传统的没落、教会权威的削弱，直至自然科学与理性的认知权威最终取代了前两者。哈贝马斯（作为马克斯·韦伯的追随者）认为，在这一转折过程中，有技术价值的知识的巨量增长导致了三个区别明显的价值领域的分化：

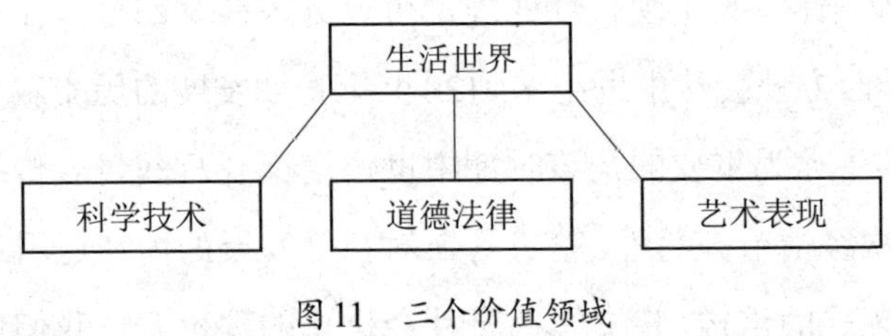

图11　三个价值领域

出现三个截然不同的价值领域不足为怪，因为这三个价值领域的分化紧随认知和实践权威从宗教传统向有效性变迁这一过程，而根据哈贝马斯的意见，存在着三种截然不同的有效性。

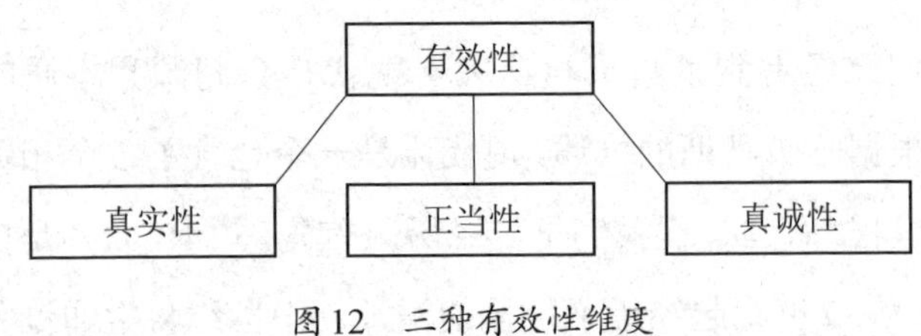

图12　三种有效性维度

这三种有效性依次同理论领域、道德领域以及审美领域（见第三章，图10）三个商谈领域一一对应。这就是说，当宗教世界观随着理性化过程而倾塌时，所遗留的问题转入了自然科学、道德观/法律、艺术这三个知识领域中的某一个，并在其中得到了解决。学习过程持续着，知识在深化，但是自此只在一个领域中进行。由此导致了双重的后果。现代性带来了专门知识在数量和深度上的巨大增长，但是这种知识在同一个过程中变成脱离了日常生活之本的无根之木，自由漂离于“在对日常生活的阐释中自然发展的传统之流”（《现代性：一项未竟的事业》，第43页）。存在于人类的知识和生存之间的裂痕扩大了。

现代性：未竟的事业

1980年，在领受阿多诺奖时，哈贝马斯题为“现代性：一项未竟的事业”的演讲引起了震动。演讲之所以造成群情激愤，是由于哈贝马斯惹眼地与当时汹涌的后现代主义思潮唱反调，而后者急于告别现代性和与此相伴的整个启蒙事业。哈贝马斯演讲的题目内含两个意思：其一，现代性是一项**事业**，而非一个历史阶段；其二，这项事业还没有（但是可以而且应该）完成。

哈贝马斯称现代性为**事业**是因为他视之为一种文化运动，这种文化运动产生于对上述现代化进程所带来的具体问题的回应。其中主要的问题便是，要找到一种方法将启蒙进程中产生的专门知识与常识和日常生活过程重新联结，将这种专门知识与生活世界和公共利益重新联结，以此来永久利用其潜能。这样一种现代性概念将哈贝马斯所称的“后形而上学”哲学放置到了现代生活及其所发出挑战的中心地带，而在哈贝马斯看来，“后形而上学”哲学的任务就是要替代并阐释专门化的科学学科。（值得再次提及的是，霍克海默和阿多诺的批判理论概念关注的是同一对矛盾，即技术性知识的增长和缺乏有价值的社会生活形式这两方面之间的矛盾。）

哈贝马斯之所以称此现代性为“未竟的”事业，是因为现代性所面临的问题仍然没有解决，因为哈贝马斯认为阻止、逆转现代化进程的企图是徒劳之举，还因为哈贝马斯认为现代性和现代化的替代性方案更不尽人意。这些糟糕的方案之一就是反现代性。反现代性的思想，比如阿拉斯代尔·麦金太尔（1929— ）的社群主义，曾经通过某篇文章主张复兴托马斯主义传统的美德观；马丁·海德格尔的晚期著作看起来主张回归更具田园特点的传统生活。实际上这些方案不过是以不同的方式装扮了退回到前现代生活方式的企图。另外一个糟糕的替代性方案就是后现代主义。哈贝马斯料想，这样随意地鼓吹现代性的终结等于将启蒙运动的婴儿（人文主义理想）连同洗澡水（工具理性的滋长和对科学技术发展造福社会的信仰）一同泼了出去。他对于所有形式的相对主义和语境主义都保持高度警惕，并将它们同非理性主义混同起来，这也许能够解释在《现代性的哲学话语》一书中，他针对后现代主义的批评，这些批评在事后看来显得过于激烈。那时，从法国传来的后现代哲学正受追捧，哈贝马斯担忧它会成为特洛伊木马，导致非理性主义在德国的复活。

哈贝马斯坚信，我们绝不能牺牲现代性所带来的成果——知识增长，经济利益，还有个人自由的拓展。完成现代性不仅仅是接受现代性施舍给我们的每一个新生事物；它还意味着根据世俗的人文主义理想批判地适用现代社会文化的、技术的、经济的潜能。这不是轻而易举的事，这个任务首先要求“社会的现代化可以向**其他**非资本主义方向发展”（《现代性：一项未竟的事业》，第51页）。完成现代性要求生活世界在面对系统的侵蚀力量时能得到有效的保护，同时正如上一章我们看到的，现在仍然没有哪个人或哪种力量堪此重任。

世俗道德的浮现

根据哈贝马斯的历史分析，现代化把主体从传统角色和价值中解放了出来，同时又造成他们愈加依赖交流和商谈来协调行为、制定社会秩序。我把他的总结性观点称为现代性命题。

> 现代性不能也不会再采用旧有的标准，正是照此标准，现代性曾从其他时代所提供的模式中寻找定位；**现代性必须从自身中创造自己的规范性**。
>
> （《现代性的哲学话语：十二讲》，第7页）

这里所谓的“规范性”指从成功的商谈中产生的共享的意义和理解。由于这些意义和理解是从交流和商谈中产生的，所以是自我生成的；在这个意义上，行为人和商谈的参与者决定了规范性。规范性同时又是合理的，因为规范性的基础是对有效性声称的相互承认。

这个一般性叙述中有一个次要的方面对商谈伦理这个论题极其重要。它关乎世俗道德观从一神论的犹太-基督教传统中产生。哈贝马斯认为该传统包含了关于客观善和符合正义的生活的观念，根据这种观念，每一个人所面临的道德问题——“我应该做什么”——都能得到解答。

在转向现代性的历史时刻，关于善的具体而且实质的问题逐渐脱离关于正义和道德正当性的形式性发问，同时基于一元且同质的宗教传统的伦理被百家争鸣的善观念所取代。道德观逐渐由道德律令的集合转变为原则和有效规范所组成的体系。现代道德观的有效规范有两个特征：普遍性和无条件性。哈贝马斯认为这些特征是犹太-基督教传统的遗产；然而，道德规范具有历史并不意味着道德规范只是旧纪元的遗产。道德观继续存在于现代性中是因为道德观仍然有其意义，能够有助于解决争端，有助于改造并且维持社会秩序。

到此为止，哈贝马斯一直都在细述可被称为“真实存在的道德观”的历史。与道德观发展相平行的是道德理论的历史，它探究的是道德观念的变化以及这些观念的理论表述。哈贝马斯认为康德是第一个道德理论家，他的理论反映了现代道德观念。康德关于绝对命令的首次表述，即“普遍法则公式”，将道德权威的来源定位于普遍化的形式标准，而非实质性的准则和义务。借助普遍化的形式标准，道德原则被融入了意志。

> 行动依赖的唯一准则应当是人所欲遵守的普遍法则。

意欲某个准则成为法则是一种自由的行为，因此康德将道德行为当作意志自由的表达。哈贝马斯赞赏康德将道德观从实质善的观念中解放出来，并将道德观重新视为检验规范的程序，但是，哈贝马斯又批评他的一个假设，即每一个单独的个体都通过将绝对命令运用于某个准则来为自己确立一种道德规范的有效性，仿佛这是一种道德的脑力运算。在哈贝马斯看来，康德将道德推论视同**独白式**的过程，从而忽略了道德推论的社会性。与此相对，道德商谈理论，正如托马斯·麦卡锡所言，则将道德观念视为一种集体的、**辩证的**达成共识的过程：

> 从个人能够毫无冲突地意欲其成为普遍律的东西，到众人能够一致意欲其成为普遍性规范的东西，道德观的重心有了变化。
>
> （《道德意识与交往行为》，第67页）

哈贝马斯的商谈伦理学发展了一种现代的、康德式的道德观，商谈的理想或规则引导着其内在逻辑。

哈贝马斯的社会进化理论

哈贝马斯还提出了一种关于社会进化的理论，该理论表现为一个极难论证的假设：从个人身上体现的发展性学习过程在合适的条件下可以被导入整个社会。换言之，关于社会世界的目的论观点，即总体来看社会是朝特定方向发展的这一观点，可以部分地加以采纳，前提是能够证明这个关于个人和社会之间学习过程的类比。

劳伦斯·科尔伯格的道德发展理论

维系这个类比的是劳伦斯·科尔伯格的儿童道德发展理论。科尔伯格（1927—1987），发展心理学家，认为主体道德能力的发展经历了三个不同层次，即前习俗层次，习俗层次，后习俗层次；每个层次又可以分成两个阶段。这个关于层次和阶段的结构被假定为“自然的”，因为它在文化中随处可见，可以部分地加以经验式证实。

科尔伯格的儿童道德发展理论

第一层次：前习俗道德观

在这一层次，儿童对于好坏、对错的评价能作出反应，但他们凭借自身行为的经验性后果来理解好坏对错的标准。

第一阶段：通过惩罚与服从来理解道德，道德就是不伤害别人。

第二阶段：道德被当作满足自己利益的手段，对他人的同样行为听之任之。

第二层次：习俗道德观

在这一层次，达到家庭的期望值是重要的，不管后果如何。典型的态度就是适应并且忠诚于社会秩序。

第三阶段：道德就是扮演好孩子的角色。做好孩子就要遵守规定，满足别人对自己的期望，表现出对他人的关心。

第四阶段：道德意味着履行自己的义务，维持社会秩序，维护社会或群体的利益。

第三层次：后习俗道德观

第三层的道德观，以在道德规范的有效性与群体或个人赋予这些道德规范的权威性之间作出区分的能力为标志。有效性不以个人对群体的认同为依据。道德主张反映了社会所有个别成员都认可或者能够认可的价值或原则，因为这些价值或原则体现了共同善。

第五阶段：道德观被视为社会的基本权利、价值以及合法契约，甚至当它们同群体的具体规则和法律相冲突时也是如此。在与群体相关的价值和规范，以及与群体无关的、不管主流观念如何必须受到保护的普遍价值和规范之间，主体可以作出区分。法律和义务可以建立在对整体效用的计算之上。

第六阶段：道德观被当作任何与普遍的、自我选择的道德原则一致的观念。在此阶段，人们选择遵守道德的原因在于：作为理性的人，人们能洞察基本原则的有效性，并且愿意承担这些原则带来的义务。有效性是由基本原则赋予准则或行为的。当某些准则或行为同原则冲突时，人们就以原则为行动依据。正义的普遍原则、平等以及对所有人尊严的尊重就是例子。

科尔伯格认为每个层次和阶段都属于学习过程，每个层次或阶段都要优于前一个层次或阶段，因为它变得更为复杂。每一个新层次都保持并提升了前一层次解决问题的能力，所以在每个新的层次中主体都力图更成功地解决道德问题和道德困境。因而，一旦道德主体实现了向较高层次道德意识的跃迁，他们在一般情况下便倾向于选择更高的道德意识层次而非较低的道德层次。

这个理论由经验式的假设和道德哲学组成，其中某些心理学命题，比如行为人倾向于选择更高层次而非较低层次的解决方案，是可以由经验性资料加以检验和证明的。然而，关于第六阶段较第五阶段更具理论优越性（康德式道德观优于功利主义）的断言则应该由哲学论证得来。经验性论据与哲学论证的相互支持被视为该理论之正确性的附带证据。

科尔伯格的理论遭到了严厉的抨击。例如功利主义者反感自己被置于永远屈居于康德主义者之下的位置，他们否认功利主义对于道德问题的解决方案“本质上”或在哲学论证上不如康德主义。同时，很多女性主义者声称，道德观中有别具女性特征的一点，即谨慎，而这一点的伦理意义却被科尔伯格出于各种理由贬低或忽略了。科尔伯格给男性提倡的“合理的”道德解决方案以优先权，无视女性提出的替代性方案，并错误地从关于男性道德发展的证据中推导出了一个关于儿童道德发展的命题。尽管存在着此类争议，哈贝马斯还是继承了科尔伯格的理论，只不过对此作了一处细微的改变。正如哈贝马斯对于世俗道德产生的历史说明并没有以康德主义收尾，而是以道德的商谈理论作了总结，哈贝马斯在科尔伯格理论的第六阶段中融入了自己的道德商谈理论（《道德意识与交往行为》，第166—167页）。吹毛求疵的人看到这里可能要怀疑性地耸耸眉了。哈贝马斯叙述的现代道德的历史发展，以及他重新诠释的道德心理学的发展，两者最终导向商谈理论，这看起来真是过于巧合了。

社会进化和现代化

哈贝马斯有一个宏伟的理论设想：既然个人的道德意识发展是一个在理论上可分成不同逻辑阶段的学习过程，那么整个社会的发展也可以相应地分成不同的阶段。毕竟，如果上述阶段和层次自然存在于个人的道德发展中，它在社会结构中就该有所反应。社会的进化过程中应该有前习俗社会、习俗社会、后习俗社会三种类型。哈贝马斯认为，可以从群体的不同历史形式中发现所有这些层次。主要建立在血缘关系和共同宗教传统之上的社群是习俗社会的类型，在这样的社群中道德标准由宗教、部落首领决定；建立在普遍的道德观和合理的法律基础之上的现代社会则属于后习俗类型。个人道德意识的第二和第三层次结构的社会类比代表了人类用于解决问题的共同规则。如果哈贝马斯的假设正确无误，现代化进程就可以被重构为日益复杂的社会结构的发展过程，这一过程使得个人解决行为问题和社会冲突的能力得到了加强。

然而，哈贝马斯的理论假设面临着几个严峻的挑战。例如，何种经验性论据有可能证实或推翻这个假设这一点尚无定论。另外一个问题则挑战了所谓个体的演化和种系的演化（个体和集体的学习过程）之间的类比。个体的行为是否与集体的行为有相似之处，这一点仍然不清楚。在科尔伯格的理论中，学习者是谁至少是清楚的，那就是作为个体的儿童。儿童有一种控制性意识，这种意识与集体层面的意识并无相似之处。作为整体的社会是如何学习的？哈贝马斯承认，所谓社会学习是一种派生意义上的说法，指社会为个人学习处理冲突、解决问题提供了框架。所以称从习俗社会到后习俗社会的转变为“学习过程”，这是在极弱意义上而言的。

哈贝马斯在20世纪70年代对历史唯物主义从事批判性研究时产生了这个恢宏的构想。他关于规范性社会结构发展的理论被视为补充了马克思主义的一个观点，即社会发展由生产力的变革自下而上决定。从那时起，虽然哈贝马斯依然在自己的其他理论研究中采纳了进化理论的一些核心观点和假设，但却悄悄放弃了进化理论的大部分内容。他没有抛掉的是一个信念，即行为人如果通过交流的方式来采取行动、通过商谈的方式来解决争端，能够更好地应付现代社会生活中的冲突和复杂性。

完成现代事业

哈贝马斯的批评者常抱怨说他的著作无历史性可言，他只是从历史中翻检能作为自己理论研究之佐证的史料。例如，他说道德普遍主义是历史的结果，但是他还想论证尽管如此道德普遍主义还是比它之前的道德观**有所进步**。对于哈贝马斯来说，社会向交往和商谈走得越近，即社会中人越以共识为目标，对于他们个人和集体的益处就越大。在哈贝马斯的批评者听来，这论调太熟悉了，让人回想起黑格尔关于“历史理性”的声名狼藉的观点。

这些怀疑不无可取之处，但也并非如这些批评者说得那么在理。哈贝马斯并不认为现代事业中的主导政治、道德观点同它们产生于其中的特定文化背景有关联，即便这些观点诞生于特定的历史时期。哈贝马斯确实为社会进步的观点提供了像样的辩护。他认为，可以给社会进步的观点提供一种具有经验合理性（和形而上学崇高性）的阐释：社会发展可被看作一个学习过程，现代社会中的后习俗社会主体比前现代社会中的习俗社会主体和前习俗社会主体能更好地协调行动、维护社会秩序。但是尽管如此，哈贝马斯远非天真的乐观主义者。他摒弃了黑格尔的目的论社会观，认为这种观点把社会视作以自我了解为方向的自我发展精神的客体化形式。按他的描述，现代化对系统、生活世界和两者之间脆弱平衡的影响是多样化的，现代化的遗产也是含义未明的。在其资产负债表的债务栏中，现代化造成了种种社会病理——社会分裂、漂泊无根和异化感。在其收益栏，现代性在认知、经济、政治等方面带来了值得维持的收益。

哈贝马斯坚持认为，试图阻止或者逆转现代化终将是徒劳，逆转历史进程不像轻触开关那么简单。这不是说人类的活动对于社会就没有影响，而是说要顺应现代性的潮流，而不是逆现代性而动，因为现代化提供了可用来解决其问题、包容其危害的资源。归根结底，完成现代性事业就意味着找到途径和方法来减轻伴随着进入后习俗社会过程的阵痛；在后习俗社会中，主体在普遍的道德原则和正当法律的基础之上协调他们的行为并建立社会秩序。要想更详细地理解这一点，我们必须转而探讨哈贝马斯的道德和政治理论。

第六章

商谈伦理学一：道德的商谈理论

商谈伦理学是哈贝马斯哲学研究的核心：《交往行为理论》昭示了商谈伦理学的形成，《在事实与规范之间》则预设了商谈伦理。这一研究是从两本薄薄的论文集展开的：《道德意识与交往行为》（1983）和《证明和运用》（1991）。哈贝马斯写有社会政治理论专著，却并无关于商谈伦理的任何主要著述。然而，商谈伦理是哈贝马斯哲学的规范性内核，并且推进了哈贝马斯从语用意义角度对公共性、包容性、平等、友爱、正义等典型主题所进行的研究以及社会理论研究。

虽然一瞥之下无法窥其要旨，但是通过其他途径可以看出，商谈伦理学继承了法兰克福学派批判理论常遭世人忽略的道德关怀。在《否定的辩证法》中，阿多诺谈到了希特勒施加在人类群体之上的“新绝对命令”，即“规整人类的思想和行动，以避免奥斯威辛以及类似事件的重演”。尽管他说过这样的话，阿多诺哲学的道德意义还是被忽视了，其中原因在于他否认人们有可能继续正直地在他所称的“受损的存在”中生活。在奥斯威辛惨剧和广岛核爆之后，不再可能继续过美好的日子，或者问心无愧地做人。人们最好的选择便是抗拒大众文化带来的生活意义的贬值（用傻瓜措辞来说，即抗拒“傻瓜化”），拒绝接纳俗众的道德观、拒绝适应社会规范。看来，这样的道德律令虽然振聋发聩、不言而喻，却给人一种自相矛盾的感觉。

“从劫难中吸取教训”是哈贝马斯著述中的重要主题。和阿多诺一样，他也经历过纳粹统治及其恶果。阿多诺的新绝对命令所表达的理想，或更准确地说是道德底线，对于哈贝马斯的道德和政治学说具有关键意义。不同之处在于对哈贝马斯而言，这有着具体的道德和社会的（我们之后会看到这也是政治的）内涵：防止奥斯威辛惨剧及类似事件的重演意味着要保护好生活世界，要创造条件使个人通过社会化形成后习俗道德观，要在可论证的有效规范的基础上建立社会秩序。

道德商谈与道德的社会功能

在本章中，我将着重讨论道德的商谈理论和道德商谈的概念。作为一种通常是规范性的、义务论式的道德理论，道德的商谈理论并没有直接回答“我应该做什么”的问题。相反，该理论力图揭示，在什么样的条件下现代道德行为人可以自己成功回答这个问题。哈贝马斯的道德理论可被视为对实现关于正当性的有效性声称意味着什么所作的阐释。在这个意义上，该理论是关于道德言语意义的语用学理论。但是哈贝马斯对道德语义学的兴趣仅属次要。他的主要目的在于揭示道德理论如何有助于回答其社会理论提出的问题。他的兴趣主要围绕几个问题，例如：道德的基本原则是什么？如何建立有效的道德规范？什么是道德的社会功能？他的回答是，在现代社会中有效的道德规范能够解决行为人之间的冲突并充实共享的规范资源。

在哈贝马斯看来，规范是行为的规则。规范通常采取律令的语法形式，例如“不要偷盗”。有效的（或正当的）规范可以调节我们在生活世界中的行为，并且让我们对他人行为有稳定预期。规范可使他人的行为具有可预见性，可创造通往无冲突行为的途径。

在哈贝马斯的社会进化理论中，现代社会被设定为后习俗社会。他假定，当社会化进程顺利时，成熟的道德行为人正处于科尔伯格理论的第六阶段，即原则性道德的阶段。在第六阶段，行为人并不满足于只是服从道德要求。他们也许会从《圣经》中寻找启示，也许会征求睿智师长的建议，也许会模仿同辈的行为。后习俗行为人知道为什么他们应该做该做的事，并只以他们认为合理的原则为行动依据。

哈贝马斯认为，当某个正当性的有效性声称被驳回时，冲突就产生了。于是，这个情境就将一个备选的规范从生活世界的潜在背景中输入到商谈这个显在的媒介中。行为人可能因为他人的行为或言语而感觉受到了不公正的对待，并且可能要求犯错的一方解释其行为。实际存在的争执可以有多种解决方案。哈贝马斯的论点是，只要行为人求助于商谈或道德讨论，其目的就是要通过建立争执双方都能理解并接受的行为规范来修复共识。

哈贝马斯对道德立场的阐述

将哈贝马斯的整体观点分成两个部分加以考虑是有极大助益的，它们分别是对于道德立场的阐述和证明。哈贝马斯对道德立场的阐述从我们的日常道德直觉这一道德现象开始。这是超验式的论证，从或然正确的经验式假设出发：比如，道德立场是社会世界的组成部分；又比如，存在着有效的道德规范。然后，这种论证又分析了这些假设的可能性条件。假如存在道德立场，那么必然存在作为道德和非道德因素分界的原则或标准，而且这种原则必然隐含在我们的道德实践中。哈贝马斯对道德立场的阐述就是以这种方式展开，并最终揭示了两个原则：商谈原则（D）和道德原则（U）。

商谈伦理学的原则

为什么商谈伦理学的原则是两个而非一个？问得好，只是哈贝马斯对这个问题没有直截了当的回答。最终他得出一个结论，即商谈原则（D）较道德原则（U）而言要更弱、更少争议，同时其合理性似乎也已得到了交往理论的证明。（U）是一个较强的原则，必须建立在以（D）为前提的论证基础之上。

哈贝马斯理论的基本论点即商谈可以更好地实现其社会实践功能，因为商谈是一个**对话的**过程，一个将人们召集起来纳入有意义的辩论的过程。证明某个规范有效性的过程总是要有一个以上的人参与其中，因为该过程涉及某个人说服其他人

接受这个规范。哈贝马斯声称，（D）只是“表达了论证的后习

> 商谈原则（D）声称：
>
> 只有当有可能受影响的个人能以**合理商谈的参与者身份**赞同某些行为规范时，这些行为规范才是有效的。
>
> （《在事实与规范之间》，第107页）

俗要求的含义”。这句行话的意思是，（D）道出了道德行为人关于有效的规范必须获得广泛的赞同这一直觉。“商谈原则”这一术语容易让人产生误解，因为它没有将该原则同（U）的区别突显出来，（U）其实也是一种商谈原则。（D）的对象是“行为规范”，即广义的规范，既包括道德规范也包括法律规范；它从属于关于规范的商谈，而非从属于商谈本身。并非所有的商谈都同规范有关，理论的和审美的商谈即属此例。所以，如果把（D）称为广义规范的有效性原则可能会更准确一些。

从形式来看，（D）的形式与第三章结尾处谈到的有效性→共识条件句（V→C）如出一辙。这是一个简单的条件句，有效性位于左方而共识位于右方。要注意的是（D）并非同时也是一个共识→有效性条件句（C→V），（D）并不意味着规范只要能通过共识的检验就是有效的。所以，（D）只能行使消极功能，负责指明哪些规范无效。

如其正式名称所示，（D）的使命就是要指出商谈程序的要点。假如某个商谈的程序完全合乎要求（即没有明显的违反商谈

原则的现象发生)，未能就讨论中的规范达成共识就表明了这个规范不具有效性。比如，假如不是每个受到影响的人都同意“不得吃肉”这个规范，那么就不存在禁止吃肉的有效规范。(D)还告诉我们在哪种对象间达成的共识可以作为有效性的标志，它宣称：假如某个规范是有效的，那么所有“可能受到影响”的人就能“以合理商谈的参与者的身份”来接受这个规范。这个陈述其实并没有它看起来那么简单明了。可以想想“每个受影响的人”的范围有多宽泛。如果规范涉及面很广，那么要让每个可能受影响的人都参与讨论所面临的实际困难是无法克服的。所以，规范的有效性将取决于实际上无法参与商谈的众人的可预见共识。有些规范，比如中国只允许一对夫妻生育一胎的计划生育政策背后的规范，将会影响还没有出生的人。没有出生的人显然无法参与商谈，但是既然他们“有可能受到影响”，规范的有效性便有赖于他们的首肯，然而这又有悖于事实。(D)要求非常宽广的共识面，所以它提出了极为严格的约束条件。因而，能够指明某个规范为无效的商谈事实上少而又少。

哈贝马斯关于(U)的一个较新的表述是：

一个规范，**当且仅当**对它的普遍遵守对**每个人**的利益和价值取向的可预见影响及副作用能够为**所有**受影响的人自由地、**共同地**接受时，这个规范才具有有效性。

[《包容他者》(英文版)，第42页，译文有修正]

哈贝马斯称（U）原则为“道德原则”，或者说可普遍化原则。（U）自身并非道德规范。它是一种二阶原则，通过验证一阶道德规范是否可普遍化来判断其有效性。它的作用在于呈现道德论证过程，尤其是道德论证涉及的普遍化过程。

道德规范即关于义务的规则，它陈述责任，并采取祈使句的语法形式，例如：“汝不得杀人。”在前一章中已讨论过，哈贝马斯认为此类道德诫命是犹太-基督教传统的遗产。在现代化过程中，如恒河沙数般的话语渐渐从这个传统之筛中失落了，结果就是仍然具有意义的规范（如“不可偷盗”和“不可杀人”）得以继续保存，而已经失去意义的规范（如“汝不得制作偶像”）退出了历史。

乍一看，（U）原则和（D）原则有些微相似之处。但是，两者之间存在着重要的结构差异。（U）具有双条件句的逻辑形式（V↔C，即当且仅当C为真时V为真），而（D）则是一个简单的条件句（V→C，即当V为真时则C为真）。所以（U）较（D）而言是强原则：它表明在商谈中能够接受共识检验是道德规范有效性的充分必要条件。在实践中，这意味着（U）与（D）不一样，（U）具有**证明**和**证伪**两个功能。它不仅可以指明无效的规范，还可以证明有效的规范，进而表明何为道德有效性或道德正当性。所有受影响的、作为商谈参与者的人在他们自身价值观和利益的基础之上能够接受的规范才是有效的道德规范。

（U）与（D）的第二个大的区别在于，（U）的有效性来自规范实施后产生的“可见结果和副作用”的可接受性。通过这个短语，哈贝马斯在他的义务论道德理论中融入了一种后果论的直觉。这样，哈贝马斯就将商谈伦理学同康德拉开了距离，因为康德否认行为的结果与行为的道德价值有任何联系。这有些不同寻常，因为义务论道德理论通常认定是行为人的意图单独决定了行为的道德价值。（假如我朝地上唾了一口，口水沫子随风扬到了行人身上，那么后果论就会说我的行为是不道德的，而义务论会说只要我的行为并非鲁莽之举且没有害人之心，那么我的行为就不是不道德的。）

最后一个区别是，（U）较（D）提供了更多关于商谈中的可接受性和理性共识之基础的讯息。（U）提出，所有有效的道德规范必须“平等地关照”每个相关者的利益，同时必须能够为所有参加理性商谈的人所自由接受（《在事实与规范之间》，第108页）。简而言之，（U）声称某个规范为真当且仅当此规范确然包含哈贝马斯所称的“可普遍化的”利益。

作为普遍化过程的道德商谈

要理解何为可普遍化利益，我们必须看看（U）原则赖以得名的普遍化过程。康德是第一个将道德原则视作对可普遍性的验证的道德哲学家。康德对绝对命令的首次阐述（见第五章），其目的可能就是要强调人不能以自己为道德例外这一普遍直觉。然而，康德的理论使他自己陷入了一些众所周知的难题，因为他将可普遍性偏颇地理解为仅是某些准则的逻辑或理性属性。例如，“信守诺言”这个准则放之四海而皆准，但是它自身不能揭示遵守诺言这一道德义务的根源。“早睡早起”是一个可普遍化的准则，但是虽然它可以是个不错的建议，却明显不能成为道德义务。同样，某个行为的道德错误可被解释为个人推理的逻辑矛盾，这一观点也是有问题的。违背诺言是缺乏逻辑一贯性的表现，因为人们不可能想要一个所有人都经常违背诺言的社会，但指出这一点并没有说明不守承诺的道德错误在何处。我们不会因为某人逻辑思维能力的不够格而从道德上谴责他。基于以上原因，哈贝马斯对普遍化的理解与康德的理解大相径庭，他不将此看作个人的思维程序，而是视为社会的进程。

哈贝马斯的普遍化概念来自美国实用主义社会哲学家乔治·赫伯特·米德。在《意识、自我与社会》（1934）中，米德写道：“我们是社会存在，也是道德存在。”他把普遍化的验证视作将个人整合入社会秩序的途径，社会秩序则被他称为“理想的角色扮演”。和团体项目中的队员一样，道德行为人设身处地考虑所有其他道德行为人的立场，以此展开合作。米德称这种换位思考为采取“推己及人”的态度，但他主要是指要和其他队员有密切的配合。

将自我整合到一个团队中相当劳神费力。如果只是想人之所想，为人之所为，这还不足以达到整合的目的。整合是一个反思的过程，包括采取二阶态度（即针对他人态度的态度）和根据二阶态度来调整一阶态度。类推到道德观上，即每个社会行为人必须根据对其他人行为的期待来调整自己的行为，这种期待是行为人采用换位思考，即从他人的视角来观察自我和相互观察的结果。

米德主张个人的视角来自个人的特殊欲望和利益：个人是由自我的利益组成的。所以，采取推己及人的态度就意味着采取“考虑所有人的所有利益”的立场。道德行为即根据对他人利益的理解和承认来调整自己的利益，这是指向“大我”——认同他人利益——的发展过程。

哈贝马斯从米德那里吸取了几个教训。首先，理想角色的扮演并不要求，事实上它阻碍了第一人称视角向第三人称视角的转换。普遍主义者不应该试图通过脱离自己作为生活世界行为人的第一人称视角，转而采取一种超验的第三人称视角来审视自己的情势，以此来获得一种中立地位。道德义务以第一人称视角和我们对话，所以我们也应该以第一人称来理解道德义务。道德商谈参与者的理性能力并不完美，他们的选择也不完全基于理性。他们是真实的人，生活世界中的行为人，接受商谈规则的引导，商谈规则使他们将自己构想为哈贝马斯所谓的“理想的共同视角”的一部分。

> 所有人都必须能够将自身置于一种处境，即由于施行值得怀疑的行为或采用有问题的规范而受到影响的那些人所处的位置。
>
> （《证明和运用》，第49页）

第二个重要的教训是，假如有限的个人视角向“无限的交往群体”的调节性理想开始延伸，就必须开展实际的商谈（《证明和运用》，第51页）。即使必须扩展商谈到包括不存在的人，如果要证明某个规范的有效性，真实的商谈也必须实际进行（《道德意识与交往行为》，第94页）。第三个教训是，商谈本质上是**对话性的**。与康德对原则的可普遍性的**独白式**验证不同，道德商谈不能只通过个人的推理能力得以贯彻。第四个也是最后一个教训被哈贝马斯总结为，商谈是个人借以融入社会的程序。适当社会化的道德行为人使自己的个人利益与身份同集体利益相一致。在以有效的规范为行动准则时，作为个人的行为人也在促进共同善。哈贝马斯的论点是，说有效的规范包括“可普遍化的利益”也就等于宣称有效的规范“对于所有人都一样好”。这样，就达成了一种不偏不倚的结局，但并没有以牺牲第一和第二人称视角为代价。

总的来看，道德商谈要求参与者置身于所有可能受备选规范影响的其他人的处境，以此来检验这个规范是否能够从他人的角度被接纳。例如，富人或受过教育、拥有谋生技巧的人也许会倾向于接受废除社会福利的观点，理由是社会福利给他们这样的人强加了不公正的税收负担。但是假如他们是穷人或身无长技，他们会接受这样的政策吗？通过要求他们和穷人或无谋生技能的人交换视角，（U）就消除了垂青于特定的人或群体的规范。

（U）的证明

哈贝马斯以对现代道德行为人的日常直觉的分析为形式阐

明了道德立场，揭示了商谈伦理学的两个原则：（D）和（U）。这两个原则抓住了商谈程序的要旨，通过这个程序生活世界中的行为人能够判断道德规范的有效性，能够判断特定情境的特定行为是否正当。

对道德观点的阐述不是对道德观点的哲学证明，因为哲学证明是从对道德的假设开始的。它假定道德观点的存在并质问这是如何可能的。哈贝马斯对道德立场的证明并无此类假设。他对道德立场的证明采用了对道德原则（U）进行形式推演的方式。哈贝马斯认为只有当（U）可以通过形式推演、从非道德的前提中推导出来时，关于（U）是否"种族中心论偏见"的怀疑才会被打消。这种怀疑认为（U）不过是一套从文化和历史方面来说具有偶然性的价值观而已。可惜哈贝马斯自己没有能够提供道德原则的形式推演，虽然他经常（也许太过于自信地）假设这种推演确实存在。

话虽如此，哈贝马斯确实也告诉了我们（U）的两个推演前提：一是商谈的规则，二是"（D）中表达的规范性证明的广义概念"[《包容他者》（英文版），第43页]。问题是，如何仅从这两个前提进行逻辑推理便能得到（U）这个结果，这一点是无法看出的。商谈的规则（见第三章）和作为条件句的（D）原则里并没有任何内容足以让哈贝马斯推出（U），即（V↔C）这一双条件句。让我们回想一下，（D）不过是一个简单的条件句（V→C）。哈贝马斯不能从商谈规则中找出证据来证明，服从于共识的规范必须是有效的（C→V）。这种辩护性的论证，如果要有效的话，还需要辅助的前提假设。从现实出发，哈贝马斯只能从一个地方寻找这样的附加前提，那就是现代性理论。问题是，现代性理论几无可能独立于商谈伦理学而得到认可。如果有这种可能性，这个证明就是另一番情形了。最好的期望就是，道德观的商谈理论如果得到了证明，就可以用来作为哈贝马斯现代性理论的论据。这样，在（U）的形式推演缺位的情况下，商谈伦理就只能与哈贝马斯对道德立场阐述的合理性紧密相随了。

对(U)原则的异议

让我们看一些反对道德的商谈理论的常见意见。

冗余异议

我们已经看到对普遍化的验证的困难。根据（U），规范是有效的当且仅当这些规范显然能满足全体相关者的普遍利益并且在此基础之上为每个人所接纳。由于以（U）和（D）为目标的共识的范围是如此之广（想想看，是“全体相关者”的同意），理想的角色扮演过程要求又是如此之高，（U）的设定必须非常严格。能够通过如此严格的有效性检验的备选规范很少，能够通过的一定是极为宽泛的法则。

哈贝马斯对此异议的最初反应是，不承认假如他的描述真实则有效规范会如此之少。后来，他勉强承认了这种说法，但他并不将此看作他的理论的缺点，反而认为是优点。商谈伦理学准确地反映了现代道德观的现实。他认为，有效的道德规范在现代的多文化社会中数量减少了这是事实，但是剩下来的那些却更加核心和重要（《证明和运用》，第91页）。哈贝马斯引用普遍人权的例子来说明，有效的道德规范确实是最核心和最重要的，有的已经被普遍接受。

这是否就是对冗余异议的令人信服的回答呢？是又不是。假如确实存在能被普遍接受的道德规范，这样的道德规范不会多，这是一个经验的事实。所以，不能因为这个原因而挑剔道德理论。话虽如此，哈贝马斯的商谈理论又开始着手解释道德基本的社会和实用功能。哈贝马斯退一步承认有效的规范很少，这便引起了一个让人困惑的问题：道德商谈为什么依然是生活世界中解决争端的默认机制，依然是社会整合的主要手段？有效的规范越少，道德商谈能够解决的冲突就越少。在这种情况下，难以理解为什么道德商谈还要在对社会秩序的解释中占据一个中心位置。维系社会的真正努力一定是来自其他地方，而非来自有效的道德规范。所以道德商谈的继续存在是由于其他原因，而非由于其在解决冲突方面的实用性成效。

除此之外，人权话语普遍稳固这一事实就是道德商谈一定在维系社会世界的证据——这一点并非显而易见。全世界的人都急于宣称自己的人权，背后原因也许是权利能维护拥有权利者的利益。权利使他人承担义务。然而，人们很少这样急于宣称并履行自己对于他人的普遍性义务。这就使人有理由怀疑，人权话语增殖的背后或许存在着——用哈贝马斯的话来说——系统的和意识形态的原因。人权话语也许自身就是生活世界殖民化的一个例子，而非反抗殖民化的一股力量。

对话性—独白性区分异议

另外的一套反对意见针对的是哈贝马斯在对话性和独白性的道德理论之间所作的严格区分。我们早已接触过其中的一种。哈贝马斯认为，康德那样的独白式道德概念与对话式的道德概念相形见绌，原因是独自进行推理的个人更容易由于视角而犯错、产生偏见。但是道德商谈的实际参与者人数可能非常之少，由于按常规遵循规范而受影响的人群则可能范围很广。哈贝马斯并无真正的理由来断定，对话式的问题解决方案（商谈）在实践中要在认识论上优于（更可能是更加正确）个人的独白式判断。可以认为，只要规范是建立在对于相关原因（比如，每个人的利益是什么，何种规范能够满足此类利益）的正确估计基础之上的，这个规范就具有正当性。假如很少的商谈实际参与者能够充分建立某个规范的有效性，那么原则上为什么不能每个人建立自己的有效规范呢？哈贝马斯认为共识的存在不一定意味着有效性，正如不能表明单个的人已经作出了正确的判断。

循环论证异议

最后，商谈伦理学还受到了循环论证的指责。这个指责瞄准的是哈贝马斯对（U）原则的推导、对商谈伦理的总体论证以及商谈的规则。循环论证异议产生的原因在于，商谈伦理学假定道德观必须在非道德前提假设下得到证明；商谈伦理学认为道德观必须是一种论证，甚至要能够说服道德怀疑论者，只要她是理性的。一方面，正如我们看到的那样，哈贝马斯必须提供的非道德前提假设还不足以维护（U）原则的合法性。另一方面，只要哈贝马斯使用更充分的前提——现代性理论或商谈规则——这些理论规则就会暗中导入道德假说，引起循环论证之虞。商谈的规则就是佐证，这些规则包括了规则2.c），即每个人都有权表达自己的态度、愿望和需求。很明显2.c）不是一条广义的商谈规则，因为它许可所有人表达态度、愿望、需求，所以它具有**不言而喻**的道德意义，不能作为非道德的或无争议的假设来充当论证（U）的前提。然而话说回来，哈贝马斯需要在非道德前提下证明道德原则这一点并非显而易见。他当然必须避免恶性的循环论证：他不能将结论混入论证的前提中。这不等于说他所有的前提都必须是道德中立的。但是，这确实意味着商谈理论无法说服道德怀疑论者，但要做到这一点对于任何道德理论来讲都是勉为其难了。

第七章

商谈伦理学二：伦理商谈与政治转向

哈贝马斯对实践理性的分类

在20世纪80年代对商谈伦理学最初的研究中，哈贝马斯交换着用“道德”和“伦理”两个术语。直到1991年他才开始区分两者，但是一直使用“商谈伦理学”来表示修正过的理论，因为这比将其再命名为“道德的商谈理论”要简洁。实际上，在20世纪90年代修正过的理论中，哈贝马斯将商谈分为三类：道德商谈、伦理商谈和实用商谈，每一类代表实践理性的一种不同用途。这种区分的实际意义在于引入了一种与道德商谈范畴并立的伦理商谈范畴，这样，两个商谈领域就在政治理论研究中得到了重新的设定。

在探究伦理商谈与道德商谈不同的本质和功能之前，我们必须先简单地看看哈贝马斯是如何在实用商谈中使用“实用的”这个术语的。直到目前看来，“实用的”这个词指的是某事物的社会功能或用途。哈贝马斯的道德观念是**实用的**，因为它把道德商谈看作解决争端的社会机制。他的意义理论是实用的，因为它把语言的运用看作协调行为、建立社会秩序的途径。但是，在这里哈贝马斯是在狭义上使用这个词。实用商谈涉及对达成预定目标的手段的理性选择。实用商谈不关心对目标的选择。实用商谈是工具理性的对话形式，同政治、法律领域有特殊的密切联系，原因在于政治和法律本质上同可行性有关。

何为伦理商谈？

在黑格尔时代之前，伦理和道德通常被认为是等同的。但是，这两个词代表着对人类生活思考的不同传统。“伦理”（ethics）一词，正如哈贝马斯经常指出的那样，有古典和现代两种用法。它的字根来自古希腊语ethos，该词既指城邦的习俗，又指其公民的习性和气质。在现代时期，黑格尔用Sittlichkeit（常译作“伦理生活”）来表示共同体的具体生活方式，它一方面包括共同体的价值观、理想和自我理解，另一方面包括惯例、制度、法律等等。

哈贝马斯的伦理商谈概念有几个鲜明的特征。

1. 伦理商谈是“目的论的”，它关注“目标的选择”和“对目标的理性评估”（《证明和运用》，第4页）。当实用商谈以某个想要的目的为给定目的并且考虑用最好的手段来实现时，伦理商谈对这些目标起到评价的作用。

2. 伦理商谈通过考察“对我有益”或“对众人有益”的是什么来评价这些结果。［《包容他者》（德文版），第41页；《证明和运用》，第5、8页］这些是特殊的而非普遍的善。（相较之下，道德考虑的是正确和错误的标准，这些标准的好坏是放之四海而皆准的，它们对于每个人的影响是均等的。）商谈伦理提出的善观念与个人的生活历史及社群的集体生活历史有关。哈贝马斯将与个人生活有关的商谈称为“伦理-存在的”，将与集体或群体生活有关的商谈称为“伦理-政治的”。

3. 伦理商谈是审慎的：它关注人们满足期望和目的的方式，它不仅关注现在的幸福，而且关注将来的和全面考虑下的全体民众的幸福。

4. 伦理商谈突出了与个人生活历史、个人从属于其中的特定传统或文化群体有密切关系的价值观的重要性。对于价值观哈贝马斯有非常具体的认识：价值观是文化或伦理生活基本的象征性要素。说价值观是基本的手段，意思就是价值观不能再分解为更简单的形式、不能用更次级的语汇来阐释，比如用来表达偏好、愿望、需求或理由等的语汇。价值观决定了偏好，而非相反。价值观塑造了我们的需求、期望和利益，这些在哈贝马斯看来并非由生理结构或社会传统决定并赋予人类，而总是需要阐释的。由于价值观总是和特定社群的组织结构密切相关，每个人在融入体制和社群习俗的社会化过程中将吸收并内化该社群的基本价值观。因此，这些价值观将形成个人自我认同的核心部分。价值观因此并不是和自然事实一样的自在之物，完全脱离人类而存在。价值观内在于人类，人类也身处其中。所以，虽然个别价值观允许阐释也易于产生渐进式的变化，但人类不能轻易地脱离这些价值观而存在。最后，价值观在本质上是渐变的，而规范则是绝对的：价值观容许有或高尚或卑下的不同，但规范只有有效和无效之分。说某个行为比另外一个行为在道德上更错误几乎没有什么意义，但是说某个选择比另外一个选择更好则完全能为人理解。

5. 哈贝马斯对于善观念和价值观念的理解具有伦理商谈的逻辑特征。作为伦理商谈的源泉，意见、判断和优选次序只具有“相对的”或“有条件的”有效性。（相形之下，作为成功的道德商谈之源泉的规范则具有普遍的、无条件的有效性。虽然有效的道德规范意味着具有凌驾于不同文化传统百家争鸣之上的有效性，价值观却只在某个特定的传统或文化群体中有效。

6. 伦理商谈关注的是个体或群体的自我认识。不管针对的是哪个对象，从广义上来讲伦理问题都是阐释的问题。伦理商谈以自我阐明、自我发现为目标，在某种程度上还以自我建构为目的。当为社会所接受时，伦理商谈以判断、意见的形式出现，阐明为了某个人的整体福利该追求何种目的、价值、利益。[《证明和运用》第9页；《在事实与规范之间》，第151—168页；《包容他者》（德文版），第38—50页。]

7. 伦理商谈提出了关于可信性的有效性声称[《包容他者》（德文版），第41页]。至于这种有效性声称是如何与其他三种有效性声称（真实性、正当性和真诚性）相一致的，这点尚不是很清楚。可信性似乎可以被归为真实性在实践领域的变体，它与哈贝马斯的理论表述中简练优美的三和弦不相协调，因为哈贝马斯在商谈伦理学中引入这一修订时，并不很在意要使它和之前关于意义的语用学理论相兼容。这种不协调表明，我们的道德概念比起哈贝马斯简洁的概念区分使它们呈现出来的面貌要复杂凌乱得多。

一览表：伦理商谈与道德商谈的区别

	伦理	道德
基本概念	好/坏	对/错 正义的/非正义的
基本单位	价值观	规范
基本问题	什么对于我或者我们是好的？	什么是正义的？我应该做什么，我为什么要这么做？什么是对的？
有效性	相对的、有条件的	绝对的、无条件的
理论类型	审慎的、目的论的	义务论的
目标	意见、判断和偏好排序	建立有效的规范、发现义务

伦理商谈的有效性及范围

伦理商谈的本质特征之一是，它所源自其中的意见只有"相对的"或"有条件的"有效性。哈贝马斯没有关于这种相对有效性的太多表述，但是我们可以假设这是一个范围的问题。有效的道德规范应当对商谈的所有参与者或所有受商谈影响的人都具有普遍约束性，但是伦理价值或判断只对相关群体的成员具有约束力。虽然如此，群体的成员可以共同地、自由地赞同关于他们的善观念的某些方面的评价，一个表达了他们共同持有的价值观的评价，这一事实本身就应当具有一定的说服力量，尽管我们接下来会看到，它在重要性上还没有胜过任何与其相对的道德观念。

所以，文化群体为伦理价值和善的具体所指提供了框架。这就提出了一个问题，即何为文化群体，怎样才算是一个合法的评价体系。我认为，哈贝马斯假定这主要是一个经验式的社会学问题。当然，这亦是哲学考虑的对象。比如，关于特定文化群体的讨论并没有涵盖所有的左撇子、所有的女性或者所有阿森纳足球俱乐部的支持者。可以论证的是，这些人都是某个全体或阶层的成员，但是这种成员资格不具有任何伦理-政治意义（虽然它对于个人的生活当然也可能具有重要的伦理-存在的意义）。

文化群体的成员资格相对而言是种完全不同的关系。首先，群体具有共同特征，该特征渗透了生活的众多方面并塑造了生活于其中、通过社会化融入其中的个人。这意味着文化群体必须足够大，足以自我保存、自我繁殖并延续共同的文化特征。其次，群体成员身份也是一种相互承认的关系，所以要具有成员资格，被接纳为群体的成员是条件之一。第三点，成员身份对于个体成员的自我认同和自我理解具有重要作用，也是获得他人认同和理解的主要途径。最后，成员身份主要是个归属问题。文化群体不是俱乐部，后者的准入权掌握在管理机制的手中。归属于某个群体不是一件简单的事情，这也许是一个漫长的、艰难的过程，在此过程中个人汲取群体的文化并逐渐融入这个群体。

这样的评价标准表明了为什么不管所有的阿森纳球迷，或所有的左撇子，或所有的女性各自具有何等程度的相似之处，都不是哈贝马斯伦理-政治商谈的观念所要求意义上的文化群体。这点很重要，因为哈贝马斯不承认具有共同利益的群体——不管其规模如何——可以组成一个文化群体来充当伦理评价的框架。在英国，猎狐者和户外运动的爱好者倾向于认为自己属于一个由乡村定居者组成的文化群体，这个群体一直受到大多数城市居民的误解。基于这样的理由，他们抗议政府禁止猎狐的提案，但是，他们的自我观念很是混乱且误导他人。当然，每个对猎狐感兴趣的人都可以无拘无束地赞同猎狐的好处，正如任何其他中意于打桥牌或听鲍勃·迪伦唱歌的人可以一致认为这些嗜好是好的。这样的共识不等于说猎狐的合法性在伦理或其他方面得到了证明。这种由兴趣结成的群体或游说集团与文化群体无关。它们只是具有共同偏好的个人的集合，不能构成需要由伦理商谈来阐释的那种传统。文化群体的真正利益到底是什么？这样的问题早已经由文化群体实际存在这一事实得到了回答。不妨比较一下一时兴起的英国猎狐者与卡拉哈里沙漠中的布希曼人，后者将捕猎当作他们日常生活的一个组成部分。对于布希曼人来说，禁止捕猎确实将对他们的生活方式和文化身份产生真正的威胁。

伦理商谈的社会功能

视关注对象是个人的生活历史还是群体的文化，伦理商谈的社会功能会发生相应的变化。鉴于现代社会中包含了相对立的传统和拥有不同善观念的文化群体，共同的价值观也许更可能成为当代多元文化社会中族群冲突的来源，而非解决冲突的法宝。随便举个例子来说，在英国，作为移民的父母与其第二代或第三代的女孩就包办婚姻问题常产生冲突。对于身为父母的移民来说，他们想要实现风俗惯例的传承，他们对于女儿的希望和期待就在这种传承之中。但是，女儿们常常根据她们从自己成长的背景文化中汲取的价值观，如个人自主权和浪漫爱情，来形成自己的优先考虑和期望。

根据哈贝马斯的理论，既然不同的价值观导致了难以平息的争执，那么自然的反应就是不以诉诸价值观作为解决争端的手段。这也正是道德商谈依据（U）原则所提倡的。规范并非价值观，只是行为准则，固定在生活世界的交往结构中，扎根于最普遍的共同利益。所以，道德商谈是生活世界中冲突双方的第一个求助对象。然而，考虑到普遍有效的规范的稀缺性，这样的冲突也许不能引入道德调节。在这种情况下，伦理商谈就有用了：首先，伦理商谈包括了讨论和对所有被认为是当事人最大利益的事物的澄清。同时，伦理商谈不可避免地要涉及对自己文化中特定价值的批判性借用，以及对自己个人处境及个人生活历史的反思。

与道德商谈的情形一样，只有和伦理商谈有相关利害的人才能从事伦理商谈。没有人，尤其是道德哲学家，能够事先决定商谈的结果。但是我们可以设想两种合理的情境。第一种情形是，父母在了解到女儿自己选择伴侣的心愿之后置之不顾，将自己的想法作为女儿和家庭利益最大化的捷径，违背女儿意愿实行包办婚姻。这样，女儿只有两个选择了：要么积极抗命，要么逆来顺受。另外一种情况就是父母和女儿互相让步，推敲并重新解释自己的利益和价值观，从而避免冲突。比如，父母可以在和女儿商讨的前提下安排女儿的婚姻，这样她就不会觉得自己的自主权和浪漫爱情成了陌生的上代人文化传统祭坛上的牺牲。这种情形是有可能出现的，因为文化具有内在的复杂性和多层次性，人们的特殊利益可以修正并且可以根据其不同的方面作出阐释。

这个替代性方案指出了伦理商谈的一个重要特征。回想一下哈贝马斯关于现代化必须对传统进行批判性借用的论点。传统在伦理商谈中通过反思而被渐进式地改变。有些因素以自觉的方式延续了下去，而有些因素消失了。价值观、善观念和自我理解都是变动不居的。它们总是处于被重新阐释的过程中。集体身份（以及个人身份）必须被当作一种严格意义的规化：我们处在自己是什么和想要是什么的状态之间。

道德对于伦理的优先权

哈贝马斯认为，在现代化的过程中普遍正当性（正义）问题逐渐脱离于良善生活问题，众多相异且对立的具体的善观念渐渐从大体上同质的宗教教义中露头。基于以上理由，哈贝马斯认为将伦理和道德视作解决同样问题的两个不同方法是一种错误。道德和伦理是我们日常的自我理解中相异但是互为补充的组成部分。哈贝马斯认为商谈伦理学为道德和伦理商谈两者创造了共存的空间，而不是弃一方取另外一方，这是现象学的贡献。

哈贝马斯和道德商谈的优先权

随着哈贝马斯对民主和法的理论兴趣日增，伦理商谈的概念在哈贝马斯的思想中愈发重要。但是，哈贝马斯还是坚持道德的优先权。他有以下几个理由。首先，从实用角度讲，道德商谈是解决行为人和生活世界之间冲突的默认机制，因为和伦理商谈不同，道德商谈将价值观从证明过程剪除，由此避开了难以处理的冲突。其次，基于（U）以及广而言之任何有效的规范都立足于生活世界的交往结构这一事实，道德商谈具有对于伦理商谈的社会-本体论的优先权。规范的正当性不是一种文化价值，甚至不具有广泛性。规范的正当性包含了对所有人的平等尊重和内在于商谈规则的普遍团结这样的交往理想。它是一种特定的有效性，类似于真实性，缺少它，行为人在生活世界中就无法正常生活。最后，科尔伯格的道德发展模型和现代化理论也支持道德具有优先权这个命题。后习俗主体的身份是抽象的，并非根植于任何特定的传统。这一点的体现是，在就人们的身份和良善生活的本质提出实质性问题之前，后习俗主体倾向于采用论证的程序来反思性地解决道德问题。

综上所述，道德限定了伦理。哈贝马斯认为，伦理商谈是正当理由的来源，在道德允许的范围内伦理商谈早就发挥作用了。不妨设想一下，伦理的反思产生的判断违背了某个道德规范。让我们回到之前的例子，假设那对父母认为最佳的做法就是强迫女儿遵从他们国家的传统。在这种情况下，参与者将被推入道德商谈来讨论这个行为的正当性，也许还将面对违法的结局。在哈贝马斯的理论中，不管伦理的观点多么正当，不管特定的文化价值多么重要，有效的道德规范都可以击败它们。道德规范，只要它们存在，就是在与伦理价值的斗争中克敌制胜的王牌。

罗尔斯与正当的优先权

在这一点上，商谈伦理学同美国政治哲学家约翰·罗尔斯（1921—2002）后期著作中的观点具有相似性。罗尔斯捍卫了正当性优先于善的命题。两人观点的相似性不是没有来由的，在20世纪90年代哈贝马斯对商谈伦理学的修正就是受了罗尔斯的重要影响。罗尔斯认为正当与善是两个互补的概念。正当概念必须同罗尔斯的观点联系起来理解，罗尔斯认为具有可行性的现代概念——作为公平的正义——必须是“政治的而非形而上学的”。罗尔斯说，现代社会不再具有文化同质性，现代社会包含了众多的世界观和争夺信徒的“综合性学说”。有鉴于此，良序社会的法律和宪政的基本结构，就不能奠基于或者说预设任何特定世界观的正确性。这也就反过来阐述了正义必须是政治的而非形而上学的这一命题。所以，哈贝马斯提出了“规避策略”以将冲突最小化，因为有争议的道德和宗教价值观已经从政治论证的过程中被剪除了。

从正面来看，政治证明诉诸普遍的观念和价值观，这些观念和价值观能够跨越不同文化和世界观而获得普遍首肯。它们是罗尔斯所说的价值的部分“重叠共识”。在这里我们要注意，罗尔斯使用“共识”这个术语的时候，不是指达成理解或一致意见的过程和这个过程的结果。对罗尔斯而言，当每一个人，不管他来自何种传统或拥有何种世界观，有理由接受一个信仰或观念时，这种信仰或观念是重叠共识的一部分。这与人们基于何种理由接受这种信仰或观念无关。这些重叠共识中最关键的一个就是，社会是自由平等的公民之间的公平合作体系。这一点在罗尔斯看来是一个道德观念，但不属于任何单一一种综合性学说，而是能让所有的综合性学说对此产生共鸣。

罗尔斯认为，所有符合这个政治合理性标准的正当（或正义）观念都是合理的、得到证明的，虽然这同它们的正确性或可能的正确性无关。观念的真实性问题同政治合理性并无关系。有关的是，这种观念能够引起最少的争议并获得最多的拥护。就这样，正当（或正义）勾勒了自由主义政治的框架，在此框架中，所有个人都可以在与他人的自由不矛盾的前提下自由地修改、改良、追求自己的善观念。这样，正当就取决于实际存在的、能够获得公民支持的、各种不同的善观念（或综合性学说）。正当和善是互补的：“正义设定了界限，善表明了意义。”

哈贝马斯vs.罗尔斯

哈贝马斯和罗尔斯观点的诸多共同之处有目共睹。他们都接受理性多元论的现实，都承认道德（正当）与伦理（善）之间的重要差异，并认为可靠的理论必须将两者全部纳入视野。进而，他们还一致同意正当较善享有优先权。最后，两人都认为正当的优先权具有功能或实用的一面。正当这一概念所具有的公正品格确保它能够为不同的文化和世界观所接受，并进而促进社会的稳定与和谐。

然而，两位哲学家之间的著名论战表明了他们之间的分歧所在。哈贝马斯认为在一个文化多元的社会中，世俗的道德具有优先权；而在同一个问题上，罗尔斯的态度则更具有不可知论色彩。是世俗生活还是宗教决定了道德的本质，这是一个聚讼纷纭的形而上学命题。哈贝马斯反对罗尔斯的**政治**正义观，认为罗尔斯抛弃了正义观应当具有的认知属性（即理性的可接受性）来强调正义观在维持社会稳定方面的功能性或手段性目标。在罗尔斯看来，正义观诸原则的合理性只是因为这些原则恰好被普遍接受，与其本身的价值无关。相反，哈贝马斯的（U）原则认为，当社会范式在明显体现普遍利益的前提之下能够被理性地接受（即值得被所有人接受）时，这些范式且仅有这些范式的合理性得到了证明。商谈伦理学认为，道德的正当性与有效性具有内在的联系，并类似于正确性。哈贝马斯由此认为自己的学说提供了道德优先权的“认识论”或“认知性”的基础，而非仅仅是道德优先权的功能基础：他表明道德观念其实是一种知识，而非对偶然持有的价值观的表述。

对哈贝马斯的批评，罗尔斯作出了回应。他认为哈贝马斯把商谈伦理学建立在意义理论这样一个有争议的前提之上（并且坚持认为道德是世俗的产物），这不过是推出了一种新的形而上学。罗尔斯的政治哲学不光回避了世界观和形而上学，还避免讨论哲学和元伦理学（即关于何为道德的理论）。罗尔斯强调，政治哲学应该避免受不必要的理论之累。从某个角度来讲，罗尔斯的看法明显正确。哈贝马斯商谈伦理学的整个框架紧密关联着众多有争议的哲学观点，比如意义、交往等等。然而，哈贝马斯最关心的还是要否认道德商谈理论属于形而上学这一判断，因为，从某个特定的意义上来看，商谈理论传达了特定的文化价值观念。道德商谈保证了一种形式主义的、具有普遍主义性质的程序，此程序没有其他替代方案，经此程序所有商谈参与者能够自行抉择何为道德的正当，并达成一致意见。这样，商谈就确立了道德许可的边界，在此边界之内，伦理商谈才能继续。[由于哈贝马斯未能提供对（U）原则的形式推论，该观点的说服力受到了一定的损害。]

在优先性问题上，罗尔斯和哈贝马斯的对比能予人启发，但是脱离了两人各自哲学语境的抽象比较也会造成些许的误导。罗尔斯关于正当的优先性的论点同他个人独特的非形而上学的政治学概念有关。他想要勾勒一种独立的政治学概念，以此来为他作为公平的正义这一观念提供依据，也借此来回避不必要的争议。哈贝马斯的研究面相对宽广。他对道德、伦理、实务、政治、法律等社会秩序的方方面面都有兴趣。虽然，哈贝马斯认为道德判断不应当诉诸各执一词的文化价值观，但他也否认政治学能够如罗尔斯要求的那般超然。相反，在他看来，政治学包含了解决争端的各种机制，而这些机制在三种不同的商谈中都有自由的实践。

哈贝马斯对道德和伦理所作区分的合理性

哈贝马斯断言，虽然前人对道德和伦理的历史区分模糊芜杂，他却把两者的概念区别揭示得一清二楚。他坚称，有效的规范同价值观有根本的区别。道德商谈和（U）相一致的地方就在于要废除所有不可普遍化的价值观。只有这样，道德商谈才能作为一个论辩的规则使共识成为可能。哈贝马斯想要打消所有那些挥之不去的怀疑，即怀疑（U）只是一种立足于一套偶然产生的价值的种族中心论偏见。他认为道德原则根系于交往和商谈，而交往和商谈是现代社会的重要经纬。关于正当性和真实性的有效性声称控制着行为之间的协调，为社会秩序提供了基础。假如哈贝马斯模糊了道德和伦理、道德规范和价值之间的界限，从任何一个方向来看，他勉强承认的、作为难以调和的冲突之成因的价值观就将渗入道德领域，并使他的整个实用主义道德观念处于岌岌可危之地。

问题就在于，哈贝马斯的区分并非无懈可击，而这种区分本该无懈可击。托马斯·麦卡锡指出，哈贝马斯急于抛弃自然主义（即所有价值都可以归纳为人类需求和利益的经验性事实），认为需求和利益总是早已从文化价值观方面得到塑造和阐释；但是他又声称道德规范体现了利益，虽然只是那些可以普遍化的利益。所以，哈贝马斯终究还是承认道德规范取决于价值观，价值观是行为人和参与者在商谈中阐释自己的利益和需求的基础。就这样，他小心翼翼地让价值观连同它们引起道德冲突的可能性一起从后门登堂入室了。

希勒里·普特南有一个还要激烈些的反对意见。他认为规范和价值之间的区别不可能那么清楚，因为规范预设了“显而易见的伦理概念”或者价值观。“要善待你的朋友”和“不要残忍对待孩子”的规范预设了友谊或残忍这样的价值观，没有这样的价值观就没有语言可以辨别、描述这些规范。假如麦卡锡和普特南是正确的，那么有效的规范不仅少见，而且不可避免地会与有争议的文化价值观相联系。在这种情况下，行为人需要发现解决冲突的不同机制与通往社会协作和社会秩序的其他途径，而不仅是求助于道德。这个过程要求商谈伦理学理论研究的重点从道德和伦理向政治和法律进行转变。

第八章

政治、民主与法律

在哈贝马斯看来，传统社会依靠共同的道德观而维系。教养和社会实践允许人们获得与社会制度顺利运作所要求的角色和义务相一致的身份和动机。复杂、异质、多元文化的现代社会并无控制中心，现代社会的团结并非来自一个主宰一切的传统、一种世界观或一套规则。在现代社会中，主体具有普遍和抽象的身份，这意味着他们一般不认为自己主要是谁的儿子或女儿、某个家庭或朝代的成员或某个国家的公民；他们认为自己或他人首先是自主和理性的个人，根据普遍的法则和适用于他们的特定原因而行动。他们的抽象身份不随国籍、文化、居住国、职业、姓名等等的变更而变化。现代主体性是去中心的主体性，因为参与商谈（尤其是道德商谈）的持续且不可回避的压力要求人们扮演理想的角色，要求人们与所有其他人交换视角，要求发展米德所谓的大我（见第六章）。

哈贝马斯在其最初的商谈理论研究中持有这个观点：在现代条件下道德商谈是社会整合的主要机制。道德商谈之所以适应现代文化多元的社会，是因为道德商谈允许各主体集体决定共存所需的规则，这些规则必须具有高度的普遍性和最大的包容性。20世纪80年代晚期某个时候，哈贝马斯意识到自己在最初研究中对道德的界定过于狭隘，无法实现应有的核心社会功能。在引入伦理商谈的概念之后，修正过的商谈伦理学开始着手处理这个问题，哈贝马斯的政治理论则朝这个方向继续深入。哈贝马斯承认，单凭道德商谈还不足以在文化异质的社会中调节冲突、维持秩序。这不仅是由于有效的规范太少，也不仅是因为规范本身充满了价值争议，还因为像康德的比喻说的那样，人类来自“不材之木”。假如事实与此相反，即假如现代行为人具有在任何时候都按道德要求行事的可靠倾向，道德本身就足以维持社会的正常运行。但是很明显实际情况并非如此。

构成现代社会秩序的不仅有道德规范，政治制度和法律起到的作用与日俱增。哈贝马斯的民主和法律理论研究就以这一认识为起点。在此方面，《在事实与规范之间》对商谈伦理学起到了补充作用，同时推进并完成了哈贝马斯的社会理论研究。有人也许会说（毫无疑问有人已经这样说了），哈贝马斯的哲学已经有了向政治学的转向。假如这样，也不足为怪，因为在他的众多批评者看来，哈贝马斯的社会道德理论其实早已是一种戴着假面具的政治理论。即便确实如此，也不等于说哈贝马斯因为偏爱其政治法律理论就会放弃道德理论。实际上，他无法做到这一点，因为在他看来政治和法律离开道德就无法运转，所以政治和法律理论必须仰仗道德理论。

哈贝马斯的政治观念

政治的“双轨”结构

哈贝马斯区分了两种基本的政治领域：非正式的和正式的。

非正式的政治领域由一套自发的、“混乱的”、“无政府的”交往和商谈组成。我们可以把该领域称为“公民社会”。公民社会的例子包括志愿者组织、政治团体和媒体。公民社会并未体制化，其存在的目的也并非作出决议，这是它的标志性特征。与此相对，正式的政治领域则关注交往与商谈的制度性舞台，这一舞台专以参与决策为目的。明显的例子有议会、内阁、代表大会、政党等。将这个正式的政治领域等同于国家是一个错误，这点需要注意。国家不只是制定政策和进行决策的制度化讨论会的集合，它还是一个行政系统，用哈贝马斯的话来说，还是一个由权力介质操控的官僚机构。

这一双轨构思为哈贝马斯的政治学思想提供了一个基本框架。在公民社会中，政治团体的成员参与商谈、取得理解、达成妥协，并且就具体的或宏观的问题形成看法。哈贝马斯称之为个人观点和意志的形成过程。相反，在正式的政治领域中，政治团体的指定代表拥有表决权、法案批准权、政策制定和执行权。

根据哈贝马斯的理论设想，当表决机构能够吸收公民社会的舆论时，政治体系的功能就是健全的，自下而上的输入（来自公民社会和公共舆论）就能通过合适的渠道影响输出（政策和法律的制定）。在实践中，民主国家较非民主体制能更好地取得这样的平衡。在健康的民主体制中出台的政策和法律往往能够与在论辩中形成的舆论相合拍，因而具有理性或正当性。这一过程本身就是可取的，从功能角度来看也同样可取，因为现代主体倾向于遵守基本原理能为人接受的政策和法律。理性的社会才有望是稳定的社会，所以现代主体偏爱民主体制下的生活是有充分的道德原因和工具性原因的。

我们在谈论民主体制产生合理决议的能力时必须极为谨慎。在政治领域中，合理性观念的含义要比该词在理论的、道德的和伦理的商谈这些单独的领域中宽广得多。认识论和道德标准（真实和正当这两个有效性）分别支配了理论和道德商谈，除了这两个标准，政治合理性也是种种考虑因素。比如，伦理和实用的考虑与常识性考虑（例如，通过妥协和商谈的公正程序能够得到何种结果）是同时存在的。政治商谈如同研讨会，一旦更为严格的道德和伦理商谈程序启动后以失败告终，就可以通过其他五花八门的试验来寻找解决方案，这样的解决方案从广义上来讲是理性共识的结果。

人权和人民主权

自由主义的民主（Liberal-democracy）和公民共和主义（Civic republicanism）通常属于二选一的政治观念，哈贝马斯习惯性地将两者合而为一。他认为这两个观念都各自围绕着一个中心观点：自由主义的民主的核心是人权观点，公民共和主义的核心是人民主权。（实际上两者都结合了自由主义和民主的某些方面。在前者，自由优先于民主，而在后者自由从属于民主。）哈贝马斯指出，每个观念都偏爱对自主权的一种特定解释：自由主义的民主偏爱个人或私人自主权（即个人自决权），而公民共和主义偏爱集体的、公共的或政治的自主权（即政治共同体的自我实现）。

哈贝马斯说，人权保护了个人的私人自主。从自由主义民主观的角度来看，个人拥有前政治的利益，以及保护个人自由追求这些利益的系列权利，这些权利和其他人追求自我利益的同等自由并不矛盾。自由在此被认为是一种机会，自由的价值在于为个人提供的机会，人们可以自由接受或拒绝这样的机会，自由的价值同人们对自由的运用并无关系。通常这种观点一般和最弱国家的理念是结合在一起的，最弱国家的理念让每个主体自由追求最合己意的生活，只在当个人的自由侵害了他人自由时才介入解决冲突。公民身份或者政治共同体的成员资格因此不具有自足的价值，只作为保证个人权利和机会的手段而具有工具价值。

为公正实现上述功能，国家必须在其成员所追求的价值和善观念中保持中立。尽管如此，人权的理念是一个道德理念，不可避免地会对与普遍的基本人权和自由不相符的价值观、世界观表现出偏见。因此，众多来自社群主义和共和主义的批评者就质疑自由主义民主的中立性假设。对他们来说，大部分自由主义者否认国家必须、甚至否认国家可以对政策和法律的后果保持中立，而声称国家只要对政策和法律的证明保持中立，以此避开不必要的争议。所以，虽然并非所有法律或政策都会以同样的方式或在同样的程度上使每一个人都受益，但是没有法律可以在有争议的价值观基础上得到证明。

人民主权传达了这样一个理念：国家的政治权威最终必须来自人民的意志。这个理念假定，政治在根本上是一个实现集体的公共自主权的问题，而非保证私人的个人自主权的问题。属于

“全体人民”的自由是重点所在，个人的自由却不是。公共自主权常以人民集会的形式得到体现，这引出了一种观点，即公民拥有自主立法权才是自由的。说得更宽泛些，人民主权可做如此解释：如果在政治共同体的成员看来管理他们的法律表达了自己的价值观，那么他们就是自由的。

和个人自主的自由主义观点不同，公民共和主义关于人民主权的理念不是一种机会的概念，而是一个运用的概念。比如，言论自由的真正价值不在于它为个人提供的机会，而在于言论自由的集体落实。当足够多的人运用自己的表达自由时，自由的新闻界/媒体和广义的共同文化就形成了，这将有利于所有公民。政治共同体的成员身份自身就是有价值的。因而，国家不可能保持中立，它体现并倡导一整套的价值观和理想。最后，根据这种理念，任何主体所享有的个人价值都来自并取决于政治共同体的价值观和理想。

哈贝马斯的政治双轨观念提供了一个框架，它紧密联系了两种理念，对两者分别作出了修正并同现代社会的现实结合了起来；它表明人权和人民主权是同源交互的关系，也即两者不分先后，互相依赖；同时它还联合了私人自主权和公共自主权的观念，给予两者同等的重视。在哈贝马斯看来，政治表达了“从个人主体性与人民自主权中同时产生的自由”（《在事实与规范之间》，第468页）。哈贝马斯保留了人权的理念并且完全同意自由主义的观点，即国家必须对不同的文化和世界观具有包容性。然而他反对三个关键的自由主义假设：

1. 权利属于前政治的个人；

2. 政治共同体中成员身份的价值只在于它是保护个人自由的工具；

3. 国家必须就政策和法律的证明保持中立，所谓中立意味着不诉诸价值观和伦理的考虑。

哈贝马斯声称，这些假设以意识哲学为特征，反映了针对主体的内在歧视。他坚持认为，与此相反权利只能通过社会化而获得，共同体的成员资格不只具有工具价值，政治证明也应当包括伦理的考虑。

同时他反对三种主要的公民共和主义假设：

1. 国家应当体现政治共同体的价值观；

2. 共同体的成员资格就是这些价值观的实现；

3. 主体性权利来自并取决于共同体在伦理上的自我认识。

在他看来，这些假设不再适用，因为现代社会由众多相互竞争的传统和世界观组成。所以，国家该提倡何种观点并让其成员能够接受的问题本身就是有争议的。我们能够期待的最好情形只是，政策、决议和法律能够在每个共同体进行伦理方面的自我认识中得到回应。

哈贝马斯认可对人民主权理念的现代修正，修正后的内容抛弃了认为人民就是大写的个人的陈旧观点。“人民主权不是借由集体人格或以公民大会为模式的国家而得到体现的”，人民主权存在于“通过论坛和立法机构散播的‘无主体’形式的交往和商谈中”(《在事实与规范之间》，第136页）。在现代社会，这一理念体现于正式的决策机构能向公民社会的影响力敞开。当正式的政治机构面向自下而上的适度输入敞开时，这些政治机构的决议、政策和法律就往往是理性的，能够被接受。由于民主国家必须适当地嵌入公民社会，出于民主的考虑，公民社会就必须得到保护。这就是权利体系诞生的原因。哈贝马斯认为，“权利体系表明了交往的形式得到合法制度化的条件，对于具有合法性的法律的出台，这样的交往形式是必不可少的”(《在事实与规范之间》，第103页）。其中主要的观点就是，法律中的权利体系有助于培育公民社会的形式，正式的决策机构需要吸收这样的形式来保证制定出就理性来讲可以接受的法律。

政治与法律的形式

现在，这看来是自明之理（尽管只是现时代的产物)，即社会应该具有国家的组织形式，具有民主形式的政府和保护人权的体系。表面上这很奇怪，因为自由个人主义的人权理念和共和主义的人民主权理念具有内在的冲突性。前者主张政府应当尊重个人的生活自主权（当然前提是个人的选择不妨碍其他人的自主选择)，而后者则推崇民治的政府。

哈贝马斯无意否认这一点。他对此的回应是，这种冲突深植于法律的概念之中，法律只是一种媒介，用来在现代社会中缓解社会整合施加于交往和道德商谈之上的压力的媒介。在哈贝马斯的理论中，道德的社会功能就是解决利益冲突、协调行为、建立社会秩序。政治对道德起到支撑和稳定的作用，方法就是给道德披上法律的外衣。这并不是说法律和道德不能分离，公民不服从和以良心的名义拒服兵役就是两者分离的例子。但是这两个例子并非主流现象。一般来说，法律规范和道德规范在有效规范的基础之上协同解决冲突、协调行为、创造社会秩序。当然，两者作用的方式有所区别。

法律的双重结构

假设某天晚上你想骑自行车去镇子另外一头参加一个聚会，但是自行车却没有车灯。法律规定在没有光线的情况下就不能骑没有车灯的自行车，法律这么要求是有理由的：骑没有车灯的自行车对于骑车人和路上其他人都不安全。挑战这项法律将受到惩罚：警察一旦发现，就有权处以拘留和罚款。这样的法律规范只要求人们服从，人们也并不需要考虑法律背后的正当理由。在这点上，法律规范和道德规范不一样，后者要求人们服从的同时会给出正当的理由。害怕被抓住而受到惩罚对于做某件事来说不是一个好的道德理由。所以，遵守法律的行为人可能会步行前往聚会，其原因或者在于意识到骑不带车灯的自行车会对自己和其他人造成威胁，也可能在于不值得冒被警察抓住而受处理的危险。在实践中，行为人的动机是无关紧要的，服从法律就意味着行为人考虑了道路安全，而道路安全亦关系到其切身利益。道德规范和法律规范的作用是并行不悖的。

哈贝马斯认为，向公民社会的输入开放的政治机构所制定的法律往往具有理性特征。法律所管理的共同体成员将普遍服从这样的法律，因为他们可以理解法律的意义，法律要求公民所做的公民也有自己独立的理由去做。但是，有时法律的意义也不足以保证人人守法，在这种情况下，拘留和惩罚的威慑就起到了作用。

哈贝马斯声称，有效的法律规范或法律同时具有规范和事实两个方面：首先它是合法的，其次它是实定的。因此才有了他那本书的书名《在事实与规范之间》，字面直译为“事实性和有效性”。仅当法律具有正当性，或有可知的理由去遵守它时（不是因为它是法律，不服从法律会受到惩治），法律才是**合法的**。法律的**合法性**是法律有效性的一个必要但并非充分的条件，这一点当我们进而考虑有效法律的两个其他特征时就可以看得很明白。法律是**实定的**，意思就是法律是由公认权威制定或者强力推行的。法律还具有第三个特征：它必须是可强制执行的。合法规范的有效性取决于所有这些要素的在场。法律必须有可知的正当性、由公认权威制定并具有强制性。因此，法律的有效性以政治权力为前提；除了其他因素之外，法律有效性必须以垄断了的合法权力、以通过监督公民守法及惩治违法行为来行使执法能力的司法机构和国家为前提条件。

法律的合法性

虽然哈贝马斯承认法律的实在性和强制性，但他也一直强调法律的合法性。合法的法律或具有正当性的法律能够敦促公民自愿的理性服从。要注意理性的服从和情感的忠诚不同，虽然两者都可能是自愿的。情感的忠诚可以出于非理性的、非谈话式的动机，例如与归属于某个文化群体相关的特殊价值、需要和情绪。理性的服从是出于善的“激励性力量”，这是独立于法律、司法和刑事机构的普遍理由（在哈贝马斯的用法中，理由本质上是普遍的）。仅凭理性社会体制便能井然有序，甚至都不用借助惩罚的威慑。这点非常重要，因为在现代大众社会中，不是所有的守法行为都是强制或制裁威胁的结果。在很大程度上，守法行为必须是出于对法律正当性的认识而自由产生的反应。

哈贝马斯在民主政治的原则中形成了正当性的概念。民主的原则被当作商谈原则（D）的具体表述。（D）具体指明了行为规范有效性的一个必要条件，换言之，（D）对于法律或道德规范都成立。民主原则宣称：

> 只有所有法治社会的成员在具有法定程序的推论性立法过程中能够认同的法律，才能具有合法性。
>
> （《在事实与规范之间》，第110页）

这不过是改造过了的哈贝马斯的基本观点：假如某事是正当的，那么每个人在恰当程序的商谈中都能赞同它。根据哈贝马斯的观点，民主原则诞生于对（D）原则和法律形式的“阐释”。“阐释”过程的细节过于复杂，在此不能赘述，但是其结果应该就是法典和民主政治原则的相互实现。

更重要的是，法律形式通过引入不同的范围和证明丰富了（D）原则。民主原则声称合法的法律必须能获得法治社会所有成员，而不是（D）原则所规定的所有受规范影响的人的赞同。法治社会由所有能产生合法行为的人组成，这些人的行为受到相应法律的约束。根据（D）原则，能够导向共识是规范的有效性的一个标志。根据民主原则，规范的正当性的标志是极为复杂的。正当的法律必须能够赢得法治社会所有成员的赞同，这种赞同必须是有法定程序的立法的产物。换言之，规范只有在所有法治社会成员的赞同下，才能具有正当性；法治社会成员能够表示赞同，是因为这个规范是由正式的决议机构所制定，其间经过审议和商谈，能够对公民社会的输入开放，并尊重法律规定的权利体系。要注意的是，民主原则只意味着正当的法律必须值得法治社会所有成员一致赞同，而不是说他们必须实际上达成共识，也不是说每个人必须实际上赞同每一条法律。在英国，不久的将来会有禁止猎狐的法律，猎狐者不满也没有用。法律通过公认的决议机构以正确的方式出台，这样的决策机构对公民社会的输入开放，被认为是猎狐者的代表。这样的法律因而是合法的。当法律生效的时候，猎狐者反对这条法律、对该法律存在的理由表示质疑，这些将无关紧要。假设法律另外还可以得到合适的监督和执行，法律将具有有效性。哈贝马斯的法律理论的建构和他的道德理论一样，同两个方面的区分有着极大的关系：（一）什么在原则上能够获得同意，（二）什么在实践中能够达成这种同意。

现代性、法律、道德

虽然法律的正当性因素，即意义，混合了道德、伦理和实用的因素，道德仍是其中的最关键因素。哈贝马斯声称，正当的法律"同其内在的道德有关系"(《在事实与规范之间》，第106页)。关系是什么，就难说了。在德语中，两者之间有词源的关系。一般来说，英语中"法律"这个词被用来翻译德语的"Recht"(例如在Rechtswissenschaft，即"法学"一词中)；然而同样的词也可以表示"正义"或"正当"。但是可想而知，哈贝马斯认为法律和道德之间存在概念的联系，而非词源的关系。例如，他声称正当的法律必须同道德规范和伦理价值相"合拍"(《在事实与规范之间》，第99页)。

在和道德要求相一致之外，正当的法律还与道德规范一样具有指向共同善的内在倾向性；处于共同善中并能被感知到，这也是法律的意义所在。在其早期著作中，哈贝马斯倾向于假设正当的法律和道德规范具有相似性，因为有效的规范"对于所有人都是一样的好"，共同善也是如此。但是他后来修改过的理论掩盖了这个假设，暗示共同善在不同的情境中有不同的意义。两者的区别在于，道德规范对每一个人**在所有方面同样**有益(因为道德规范中包括了可以普遍化的利益)，而法律规范至多**在某一方面**对法治社会的所有成员是好的。所以，法治社会里包罗万象的共同善概念不再等同于道德正当性概念。

哈贝马斯的总体观点似乎是：正当的法律提供了行为人通过

社会化而融入后习俗道德的另外一条途径。部分原因在于正当的法律同道德是一致的，但还由于正当的法律给予行为人发现并服务于共同善的机会。同法律规范相一致，并且因为共同善中明确包含了这些法律规范而采取的行为，同后习俗的道德行为是类似的。此外，西方民主社会中的公民有理由认为他们的法律是自主选择的结果，因为他们的决策机构对于来自公民社会的商谈和输入是开放的。在这个意义上，服从正当的法律是基于自主选择原则的一种趋向，这同后习俗道德再次不谋而合。因而，在业已失去共同精神纽带的高度复杂的现代社会中，法律对脆弱的道德领域起了支撑作用，并提供了合法的渠道使“道德意义可以在社会中传播开来”，甚至进入金钱和权力系统。

对哈贝马斯民主理论和法律理论的反驳

尽管是内容宏富的天才之作，《在事实与规范之间》还是遇到了重要的反对意见。首先，哈贝马斯声称，民主国家应当在公民社会的输入和正式的决策机构的输出中寻求恰当的平衡，但是他并没有说明何为恰当的平衡。自下而上的输入应该直接决定立法过程么？国会成员是根据选民实际偏好投票好，还是在国会中利用他们自己的判断力更好？毕竟哈贝马斯也承认公民社会具有无政府的、自发的、不受约束的、内在不稳定的特点。太多来自公民社会的输入将在民主体系中导入无政府主义、自发性和不稳定性，这也是困扰古代直接民主的问题。

其次，哈贝马斯没有明白表示他对协商式民主或者说话语式民主的规范性理想的赞同程度，也没有说清楚他的理论在何种程度上具有经验的性质。哈贝马斯坚称，他的理论理所当然地同时具有规范性的理想和对民主的描述这两种性质。这是可以理解的，因为“民主”终究具有几乎不可分离的规范性、描述性内容。另外，虽然哈贝马斯热衷于强调其理论的经验性特征（例如《在事实与规范之间》的第373页），但他对提供相关经验性论据却似乎不是太在意，甚至他更在意的是使这种经验性向后倒退从而与其他理论兼容。

第三点，考虑到哈贝马斯对于理论系统性的热忱，颇让人意外的是他的社会理论给他的政治理论提出了一个难题。《在事实与规范之间》揭示了政治权力的双重性：交往性权力和行政性权力。交往性权力存在于公民社会和决策机构的慎议、商谈机制中。行政性权力则存在于国家和政府官僚体系中。哈贝马斯的主要论点是，健全的（民主的）政治体制能够并且应该顺利地将交往性权力转换成行政性权力。然而，根据哈贝马斯的社会理论，国家行政体制属于由工具性的效率标准主导的系统，而公民社会属于生活世界。商谈与慎议的机构性舞台是生活世界的政治压模制品。那么，假如交往理性和工具理性的区别、生活世界和系统的区别真有哈贝马斯的社会理论描述的那样严格，假如生活世界的完整性已经遭到系统入侵的破坏，又该如何实现从交往性权力到行政性权力的理想转换？道德商谈和伦理商谈的开化性影响力又如何能不被行政体制的僵化动作掩盖？

民主政治和批判性社会理论

哈贝马斯的民主和法律理论除了回答了他在社会学研究中提出的主要问题外，还延续了批判性社会理论。他主要是通过分析西方民主国家的优缺点和它们面临的危险来完成这个目标的。西方民主国家面临着两种主要的危险。首先，在法律上被奉为神圣的人权如果不能保护公民社会免受市场和行政力量的侵蚀，政治制度赖以生存的交往和商谈这两个泉源就将枯竭。这样的情形如果出现，政治决议将更容易受到意识形态的扭曲，将更加偏袒强势利益集团。当某些群体无法对立法过程表达意见的时候，他们所必须遵守的法律将有可能对他们采取冷漠或敌视的态度，他们被边缘化、被异化的感觉和愤世嫉俗的情绪将会增长，于是渐渐地他们就会对社会秩序产生威胁。

其次，英美两国现有的政府形式采取由官僚政治精英来作出决议的代议制，受专家和利益集团的“影响”。国会和内阁对橡皮图章政策已经习以为常，它们不再是讨论、审议政策的场所。最终，熟谙媒体的官员或“高级幕僚”就习惯了向大众推销这些政策。批量制造民众支持率是决策链上的最后一环，从其他方面来看，这些决策正是官僚式的。官僚主义的倾向性不是要提倡公开、透明的决策机制，而是要在政治过程中完全抛弃交往和商谈的程序，以此谋求权宜、道德“明确性”或其他所谓的利益。英国政府最近作出决议出兵支持美国对伊拉克的武装干涉就是一个例子。在英国，对该决议的抗议活动规模巨大，达到了史无前例的地步。国会的投票看起来只是在托尼·布莱尔及其顾问早就作出的决议上草草签上了“同意”。第二个威胁是，公民社会对法律和政策制定者的开化性影响力正在下降，公民已彻底被贬为被动消费者的角色。

尽管西方自由主义民主政治可能面临着一片阴郁的未来，哈贝马斯仍然保留着对民主体制应对现代社会所面临问题的一线希望。尽管内部存在着各种冲突，自由民主政治仍然同以自决实现自由的理想保持着密切的联系。哈贝马斯说政治是人类自由的表达，它不应被看作早已存在的事实，而应被视作一个持续不断的任务；“只有解放全人类，才能解放自己”（《宗教和理性：论理性、上帝和现代性》，第161页）——这样的意识提出了这样的使命。

第九章

德国、欧洲以及后民族公民身份

前几章讨论了哈贝马斯对道德、民主和个人权利的正面社会效应的专注和确信的程度。哈贝马斯一生憎恶各种形式的民族主义，这种态度来自对人类道德失当的社会前提敏锐而深刻的理解，这种理解又来自其切身的经历。话虽如此，正如哈贝马斯会第一个提醒的那样，我们不应该将确信和信念的起源同它们的有效性相混淆。

民族身份与民族主义

民族国家的理念

要理解哈贝马斯对民族主义的忧虑，我们必须先简单地分析他的民族观。哈贝马斯讲述了一个关于欧洲民族形成的故事，把它说成是18世纪末一系列社会问题的结果。共同体的早期现代形式一直立基于区域性，由乡村传统和貌似自然的封建等级制构成，并受到包括了一整套同质文化价值的共同宗教传统的约束。随着现代性的发端，自18世纪末起，城市化、人口流动、商品流通、宗教式微等众多因素破坏了这些社会稳定性基础。在早期现代社会基础分崩离析的同时，一个主要属于市民的、由相互陌生的人组成的大众社会正在形成。

哈贝马斯认为，民族是作为社会整合的一个更为抽象、更为成功的基础而出现的。民族这一观念或多或少是从对某个单一共同体的传统和历史的虚构中得来的，这个共同体拥有共同的祖先、语言和文化。一旦这个理念吸引了大众的想象力，民族意识便能够有效地创造相互陌生的公民间凝聚力的情感纽带。同时，民主参与决策机构现象的逐渐普遍化又提供了公民间凝聚力的一整套合法关系。民族观念和民族意识与国家的政治体系共同协作，激发了公民从属某一政治共同体的归属感和对共同的政治、文化身份的认同感。

虽然哈贝马斯承认民族国家的社会成就，但他明白这个观念也是危险的。族裔民族的观念具有内在的排他性。内部人和外部人总是通过语言或血统而被区别开来。一旦这个观念在大众意识中得到确立，就会导致内部少数民族的形成和受压迫的事实。其次，民族身份是靠对共同体的**情感**或**情绪性**认同而维系的，这种认同"独立并优先于公民们自身的政治观点和意志形成"[《包容他者》(英文版)，第115页]。这种纽带是先于话语的，无理性可言。但是它们又很容易为政治精英所操控。例如，伴随对外用兵而出现的民族情绪膨胀可以抑制国内的政治动乱，这是政府至今仍在反复加以利用的一种已知效果。

虽然**民族共同体**（Volksgemeinschaft）的观念具有这些内在的危险，但是由自由平等的公民或法律共同体所组成的守法共同体的理想却没有这些威胁。作为公民或法治共同体的成员有些类似在大学求学的学生。任何普通人都能在其中占有一席之地。成员资格原则上是开放的，至于这种成员资格的标准是什么则是一个政治问题。但作为某个民族一员的资格是一个遗传的事实，是先于政治的。因此哈贝马斯声称，民族国家的概念内含两个部分的冲突："平等主义法律共同体的普遍主义和通过历史命运联合在一起的共同体的排他主义"[《包容他者》(英文版)，第115页]。对现代民族国家提出的挑战是与其好的一面相一致的。

民族主义

民族主义往往产生于民族生存受到威胁之际。哈贝马斯评论说，在第三个千年到来之时，民族国家在外受到了全球化和世界经济压力的威胁，在内则受到了文化多元主义的威胁。

从宏观的角度来看，全球化造就了这样一个局面：亟待解决的社会政治问题，如经济移民、贫困、大规模失业、生态灾难的威胁等等，都已非民族政治所能应对，更遑论解决。解决全球的政治问题需要国际间的政治合作。这些问题现在已经恶化了，因为单个国家的行动能力已经下降。

同时，各个民族都受到了来自内部的文化多元主义的威胁。移民和人口流动性的增加加速了以文化一体性为特征的民族神话的破灭。边缘群体和少数派群体为平等待遇而抗争，并且挑战主流文化的预设和陈规。

在这样的情境下，民族主义代表了一种有说服力但是非常危险的反应。民族主义的目标，是延续社会凝聚力并通过复兴民族意识在公民中注入一种归属感。在哈贝马斯看来，民族主义不是控制现代化过程内在资源（道德商谈和正当法律）的方式，而是试图逆转现代化过程的一种徒劳。他还认为这是倒退。回想一下，科尔伯格说过正常的儿童要依次经过六个发展阶段，不存在逆向发展的情况，除非他们能够遗忘所学知识、所获经验。但是如果有人能够"遗忘"游泳的本领和说某种语言的能力而退回原初点，这是多么怪异的一件事情！同样，当代的民族主义预示着从后习俗的关系形式到习俗的关系形式的倒退。民族主义是一种社会反常。

在这里我们必须谨慎，所谓社会的"学习"是从较弱的意义上而言的。民族主义的**倒退**和**反常**也只是在同样的较弱意义上而言。哈贝马斯没有说，想要归属于某个文化群体的愿望自身就是倒退的，相反他承认，在多元主义的条件下，公民必须将自身定位于传统中，必须认同于他们的文化，虽然要同时进行适当的批判性反思。民族主义的倒退表现为以下失败的努力：

1. 试图以血缘亲情的关系来取代社会整合的现代形式——交往、商谈和正当的法律。
2. 试图在政治共同体中寻找前政治的、自然的成员资格标准。
3. 试图从政治程序中消除商谈和交往的影响力。

哈贝马斯对民族主义的敌意听起来也许过于激烈。但是要考虑到，他对民族主义威胁的认识不仅来自童年的经历，还来自前南斯拉夫和其他地方新近发生的政治事件。点燃民族主义的烈火容易，扑灭它却很难。一旦重新点燃，就会导致对国内少数民族的压迫，导致种族主义，并最终引起种族清洗和大屠杀。

宪政爱国主义

哈贝马斯声称，在现代条件下认同于自己所在传统的唯一的适当方式就是宪政爱国主义。他是在20世纪80年代中期言辞激烈的公共辩论（后来被称作“史家论战”）中首次使用这个术语的。与赫尔穆特·科尔政府的核心成员保持联系的一些历史学家使用过分简单化的方法重新阐释了现代德国历史，把纳粹时期的罪行相对化，对“最终解决方案”[①]的罪恶轻描淡写，同时强调德国士兵为了德国平民能从苏联红军的枪口下撤退而死守东线表现出来的英雄主义。

哈贝马斯认为，这样的争执同历史论题没有关系，而同出于政治目的滥用历史有关。这样经过策略性改写的历史不仅是在提出关于真实性的有效性声称，而且是有意识的政治手段，意在使德国历史“正常化”，消除“不肯消失的过去”。这场战役的中期目标之一是要辅助创造德国的民族身份，从而对赫尔穆特·科尔在国内的人气起到支持作用。其设想的结局就是要为西德停止对以色列支付赔款提供政治依据，为西德担任反映其经济力量

① 第二次世界大战期间，纳粹德国针对欧洲犹太人的系统化的种族灭绝计划及其实施。——编注

的地缘政治角色提供理由。迄今看来，通往“正常化”的道路有一个无法逾越的障碍：奥斯威辛。1933年至1945年间的道德灾难对德国民族意识的污染是无法消除的。

在此背景下，哈贝马斯认为，去制造一个让德国引以为豪的过去，这是无用的倒行逆施。唯一在政治和道德上合适的爱国主义是立基于立宪国家普遍原则的那一种。

> 对于我们联邦德国人民而言，宪政爱国主义意味着在别的因素之外以下列事实为荣：我们已经成功地永远战胜了法西斯主义，建立了正义的政治体制，并将此政治体制立基于公正、自由的政治文化中。
>
> （《追补的革命》，第152页）

有一点很有必要记住，即联邦德国基本法是由外来征服力量强加的，并非真正的德国民主政治传统的表达。基本法在创立时只是临时性质的民主宪法，寻找的是民主的公民。但是到了20世纪80年代中期，西德已经成为欧洲最繁荣的民主国家之一。哈贝马斯认为这是值得骄傲的成就。借助历史运气、勤奋努力以及成功的再教育政策，联邦德国的公民已经在忠诚于民主程序和原则的基础上形成了自己的政治文化和政治身份。

> 国家的政治文化围绕宪法而产生。每个民族文化都有其自身对宪法原则的独到解释……比如人民主权和人

权——解释的根据就是本民族的历史。以这样的解释为基础的“宪政爱国主义”可以取代原先的民族主义所占据的地位。

[《包容他者》(英文版),第118页]

在哈贝马斯的描述中,德国的政治身份具有内在的矛盾。这主要是由于过去的历史阴魂不散,西德必须围绕“民主立宪国家的普遍化内容”重铸政治身份,并弃绝历史观幼稚、缺少批判性反思的爱国主义形式。为了忠实于自己的(但又是非常矛盾的)德国传统,他们不得不与这种传统离得更远,而不是靠得更近。

20世纪80年代当哈贝马斯开始捍卫宪政爱国主义的观念时,他还没有就伦理商谈的政治意义完全形成自己的观点。他倾向于将民主的原则同道德的原则同等看待。正如后习俗的道德主体不再关心共同体的实质价值,转而致力于能确立有效规范的程序,立宪主义的爱国者认同的是民主的程序,而非具体的结果。两者都形成了去中心的抽象身份,在这个意义上,道德和民主都要求承认他人的平等价值。而且,哈贝马斯认为公民是直接认同于普遍的民主和道德原则的。

在后期著作中,哈贝马斯改变了自己的观点。他认为,民主宪法必须在满足各种条件的政治文化的支持下才能落地生根。首先,民主宪法必须同后习俗的道德相一致。其次,民主宪法必须同政治共同体中的所有文化群体的伦理观具有共鸣。政治文化不能让人觉得是主流文化的实质的、具体的价值观的载体。最后，政治文化需要由社会权利和福利权利来支撑，目的是让公民体验“其权利的公平价值”，即公民可以感受参与共同的政治文化的益处。

德国的统一

1989年11月9日代表了所有德国人生活中的一个转折点：柏林墙倒塌了，德意志民主共和国垮台了。当时，哈贝马斯对统一的方式、统一的时机以及背后的政治动因表达了严肃的批评性保留意见。

他的批评开始时针对的是程序问题，即统一是否应该在基本法第23条或第146条的基础上完成。第146条清楚表明，基本法是临时性的，不是一部完整的宪法，它的内容是：“基本法在新的

图13　东德的公民跨坐在柏林墙上

宪法生效时将失去效力，由德国人民通过自由的决议来终止。”第23条使基本法对整个德国具有效力，它提供了允许新的州加入联邦的机制，起草时主要考虑了与法国相邻的萨尔州。

科尔和他的顾问倾向于根据第23条完成统一，因为这样做不需要对西德的基本法作出任何改变。哈贝马斯激烈地反对这种做法，在他看来，根据第23条完成统一纯粹是一种行政伎俩，为的是让西德有效地吞并东德。更糟的是，采用这种做法，整个过程就有利于科尔总理领导的基督教民主党的具体国内外政策。采用第23条意味着可以用相对更快的速度完成统一，从而提高科尔的国内民意支持，为即将到来的大选做好准备。

结果，东、西德国被剥夺了伦理-政治商谈的机会，无法探讨他们更愿意接受哪一种政治制度。哈贝马斯是当时要求放慢改革速度、扩大改革内容的几个知识分子之一。统一本该是“德国两个部分共同参与审慎的民主决策的公共行为”（《又谈德国身份：愤怒的德国马克市民的统一民族？》，第96页）。东德本来可以在统一过程中发表自己的意见，现在却不免让西德的官僚包办了一切，西德本来也可以为自己的宪法投上一票。针对现实，哈贝马斯抱怨统一存在“规范性缺陷”，因为统一后的联盟缺乏足够的政治、伦理和道德上的正当理由，即自下而上的输入，他认为这种输入是民主合法性的必要条件。

基于同样的理由，哈贝马斯反对在所有包含东德公民社会遗迹的旧机构（大学、学院、博物馆、剧院等等）中展开行政“清算”。他警告说，公民社会（他指非正式的公共交往和商谈的网络）是脆弱而宝贵的政治资源，摧毁容易建设难。他认为统一不仅是一个行政事实和经济事实，还是一个政治任务，因此能够与东德的自我意识共鸣的政治文化应该有生长的权利。

最后，哈贝马斯怀疑掌权的基督教民主党政府有可能抵挡不住诱惑，通过激发泛德意志民族主义情绪来使自己的政策正当化。最初，他们满足于鼓动经济民族主义。一方面，他们提醒联邦共和国的公民直至目前他们做得如何之好，并许下了无法兑现的承诺，说他们（西德人）无须通过支付高昂的税收来为统一买单。另一方面，他们为东德人描述了类似的经济繁荣的美好前景。哈贝马斯在“愤怒的德国马克市民的统一民族？”这个口号中表达的思想是，当最后看清问题的那一刻来临时，东、西德国人都会感觉遭到了背叛，那时东德的经济重建会变得缓慢、痛苦、代价高昂，经济增长并不能提供足够的资金供给。摆脱困境的最简单方法就是煽动德国的民族主义火焰，甘冒随之而来的危险。在统一最初带来的欢欣鼓舞之后，东德的罗斯托克和霍耶斯韦达爆发的针对外国劳工的种族主义暴力，再清楚不过地昭示了这些危险。

哈贝马斯警告保守主义分子不要危及西德来之不易的脆弱政治文化——一种非民族主义的自我意识、后民族的集体身份和宪政爱国主义。与经济民族主义这样乏味的诉求相对照，哈贝马斯呼吁一种重新统一的进程，“优先考虑给予公民自由行使的权利，在未被侵占的公共领域中通过直接投票来决定自己的未来……的统一”（《又谈德国身份：愤怒的德国马克市民的统一民族？》，第96页）。基于第146条的放慢步伐的统一，将为必要的道德、伦理、政治商谈提供时间和空间，从而给予前东、西德国各州公民之间的凝聚力以成长的机会。这将鼓励德国公民从一个更宽广的角度而非私人利益的角度来看待统一这个问题。

欧洲的整合

在欧洲整合这个问题上，哈贝马斯的态度与他说民族已过时并反对民族主义的政治和道德主张是一致的。他举出好几套不同的因素来支持欧洲各国建立经济、政治联盟。

德国与欧洲问题

首先，哈贝马斯的论题"从灾难中学习"包括了一套内容广泛的历史和道德理由。只消回顾一下20世纪的历史，两次世界大战造成的灾难，就可以理解欧洲主权民族国家间的经济、政治竞争所带来的危险。他说，欧洲人"必须放弃民族主义、排外机制所赖以生存的观念模式"[《包容他者》(英文版)，第152页]。政治联盟将会提供一个框架，在这个框架内基于"内嵌于共同政治文化的、属于全欧洲的政治公共领域这一交往体系"，后民族社会整合将会展开。

笔者认为，即便这个专题也可算是哈贝马斯在以一种非常具体的政治方式回应阿多诺的新绝对诫命："必须防止奥斯威辛惨剧和类似事件的重演"。考虑到欧洲近期历史上的特殊之处，欧洲的整合对于德国非常关键。哈贝马斯高调反对某些德国保守派的主张，他们要求德国停止向欧盟靠拢、继续使用德国马克、与从苏联共产主义分出来的中欧国家建立政治与经济联系，这些主张在哈贝马斯看来卑鄙而危险。

另外一套支持欧洲整合的主张关注的是全球化经济对各个民族国家的影响。总的来说，发达国家和技术先进的工业国家知道经济发展必须付出社会和政治代价：失业率的增长、贫困、收入分化。这些因素不加以控制，就会成为社会分裂和国内政治动荡的潜在诱因。但是，在某种程度上，福利国家可以通过福利制度、劳动力市场调节和再分配政策等措施来抑制这些消极后果。

经济和金融市场的全球化改变了经济增长和社会福利之间的脆弱平衡。全球化束缚了单个民族国家的手脚，大公司通过向市场不规范和劳动力廉价的地区转移产业可以轻易地规避就业调节政策。“资本外逃”的威胁迫使所有政府都采取低税收政策（尤其是针对营业税和公司所得税）。如何提高税收收入对政府而言成了问题。通过提高效率来增加收入是有上限的。简而言之，一国政府要资助、执行能抑制资本主义经济增长造成的社会和政治副作用的政策，已经不容易了。

在哈贝马斯看来，有两种解决问题的可能方案。新自由主义的方案就是去适应来自全球经济的压力，可采取的策略有：降低成本、保持劳动力市场的“弹性”（即对劳动力市场不加调控）、让个人承担失业和疾病的风险等等。该方案的苦果是，在竞相解除控制的过程中，经济上的胜者将成为社会与政治方面的输家。

另外一个方案是，为了驾驭经济，政治也必须全球化。具体来说，这意味着要创造超民族的政治体制，用权威、权力和手段来贯彻自己的决议。乍看之下这像是无望实现的乌托邦理想。哈贝马斯回答说，一旦认识到民族国家作为政治实体已来日无多，那就只剩一条路可走，超越民族国家的政治实践早已开始了。相对而言，欧盟就是在这条路上能走多远的一个富有雄心的例子。

当然，如果可以在超民族的层次上为福利国家的包容性功能找到与欧盟同等作用的替代者，欧盟就只是有效抵消来自全球经济压力的一个手段。欧盟可以通过补贴和其他温和的再分配政策来消除成员国之间地区性竞争带来的不利后果。此外，欧洲法院已经作出了同社会正义问题直接相关的几百个决议（这让英国的新自由主义和保守主义批评者大为惊骇），这些决议也间接地对内部共同市场产生了影响。哈贝马斯没有低估欧洲经济、政治一体化计划所面临的困难。欧盟仍然不得不同时处理就业、竞争、经济增长这些彼此冲突的目标，并且协调作为纯粹贡献者的富国的要求和作为纯粹受益者的穷国的要求。对于哈贝马斯来说，欧盟是否能够制定并执行可以矫正市场、使市场与社会正义理想相一致的政策，尚须观察。

哈贝马斯承认，从全球的角度来看，欧洲政治实际上只是民族自利政治的拓展，而非改造。民族国家之间的地区性竞争和由此而来的问题在跨民族的层次上再次出现了。欧洲将会与美国、环太平洋地区以及中国和印度这样的新兴经济体相竞争，所以有理由怀疑，欧盟无法找到解决全球政治和社会问题的持久而全面的方案，而至多只是临时、部分地解决问题。哈贝马斯把握住了自己论点的逻辑。假如全球问题可以有持久而有效的政治解决办法，那么这些问题必须在一个全球性的世界政治里得到最终的解决。假如超民族的政治制度将驾驭全球市场，那么这些制度必须有适当的包容性。建立全球内部市场，并创立拥有权威和力量来调控这个大市场的政治实体，这就是终极目标。建立政治上的各民族统一体，这个统一体不光有能力制定决议，还有能力执行决议——这就是终极目标。

合法性赤字

问题是欧洲的政治制度有自己的问题，这个问题就是所谓的"民主赤字"。质疑欧盟的人认为欧盟作为一个政治联盟不可能成功，因为不存在欧盟所要代表的欧洲"人民"。共同的历史、共同的语言、共同的传统或者是共同的种族，这些实质性的、能够激发民主所仰仗的公民间凝聚力的因素都不存在。

哈贝马斯承认不存在欧洲"人民"，但他否认社会整合必须以具有共同历史和世系的欧洲人民或民族的存在为基础。他说，公民身份的严格观念的确建立在共同的民族意识之上，这种意识不能延伸而超出单个民族的范围，这一点并无疑问。这种严格观念甚至还不能在单个民族的范围内普遍有效。基于前文概括的理由，过时的民族观念不再适合现代文化多元社会。质疑欧盟的人反对欧洲一体化，更喜欢住在自家陋室，但他们很快就发现家里的地板已经朽烂，屋顶已经塌陷。现代文化多元社会不是某个民族或团体的共同体，而是所有公民的法治共同体。这种民主社会公民身份的宽泛观念作为抽象的、通过法律来调节的陌生人之间的关系，可以推而广之包括外国人。哈贝马斯不想否认欧盟确实存在民主赤字。

> 随着布鲁塞尔官僚机构这样同政治基础关系更加薄弱的新组织的出现，一面是自我规划的行政机构和系统性网络，另一面是民主的程序，两者之间的裂缝在不断扩大。
>
> [《包容他者》(英文版)，第151页]

但是他认为，原则上没有理由来解释为什么不该弥合这个裂缝。通过非正式的公共交往领域以及商谈、决策的制度性场所，现代民主社会正在得到整合。

一个紧迫但并非无法解决的问题是，如何促进遍布全欧洲的商谈和交往网络的发展，以及欧洲公民社会和政治文化的发展。他说：

> 配得上欧洲民主这一称谓的欧洲联邦国家的出现，取决于遍布欧洲的一体化公共领域在统一的政治文化内的发展：必须存在包容各个利益团体、非政府组织、公民运动团体等的公民社会，自然还必须存在与欧洲这个竞技场相适应的政党体系。
>
> [《包容他者》(英文版)，第160页]

教育交流项目，更多的经济合作，成员国之间更便捷的旅行，以及全欧洲性政党制度的出现，这些都将有助于这个目标的实现。

另外一个实践性和制度性问题是，必须找到欧洲的官僚机构和议会同这种形成中的政治文化之间的联结方式。这也许不容易，但并非不可能。然而，固执于民族国家的政治效验而公然无视事实，这是徒劳；放任全球经济市场自由发展，这是社会、政治上缺乏道义的表现。

哈贝马斯认为，欧洲的整合也许不是后民族政治的最终结局，但至少是一个吉利的开端。欧盟是后民族民主政治正在进行中的一个试验，哈贝马斯在同迈克尔·哈勒交流时简洁地称之为“欧洲的第二个机会”：

> 假如说我坚持的乌托邦能有任何一小部分得以幸存，那肯定是这个理念，即民主以及为取得民主的最佳形式而在公共领域展开的努力能够对戈尔地雅斯难结快刀斩乱麻，解决用其他方法解决不了的难题。我不是说我们将会成功做到这一点，我们甚至不知道成功有没有可能，但正因为我们不知道，所以仍然要尝试。
>
> （《作为未来的过去》，第97页）

虽然，我们不知道欧盟是否能够成功地提供部分解决后民族问题的方案，我们不知道欧盟甚至是否有可能成为最终实现全球主义世界体制的平台，但是，我们也不能确知欧盟一定会以失败告终。哈贝马斯说，这个试验必须继续下去，首先因为我们确实知道其他方案更为糟糕：告别民主政治的理念，也即告别自由而平等的公民们共同塑造社会世界的尝试，这就是备选的其他方案。

附　录

哈贝马斯的五个主要研究专题概要

一、语用意义专题

基本问题：如何理解言语的意义？什么是说话的语用功能？说话如何调节社会行为人的行为？有效性和意义之间是什么关系？有效性声称有哪些类型？

基本答案：意义理论有两种：述行（语用）意义理论和命题意义理论。说话的语用功能是为了引出理性共识。说话通过有效性声称协调行为。言语的有效性决定了理解言语意义的方式。有三种有效性声称：真实性的、正当性的、真诚性的。

二、交往理性理论

基本问题：行为的基本类型有哪些？它们之间有什么区别？哪种行为类型要优先于其他类型或者更为根本？由于什么原因？

基本答案：有两种行为类型：一是交往行为，一是工具性、策略性行为。两者区别在于，交往行为以达成理解和共识为目的，而工具性、策略性行为以实际的成功为目标。交往行为更为根本，因为它是自我限定的，而工具性、策略性行为不是。

三、社会理论专题

1. 社会学研究

基本问题：社会秩序如何可能？是什么将现代社会凝聚在一起？数以百万计的社会行为人之间的行为如何加以协调？

基本答案：社会秩序有赖于意义和有效性，有赖于通过交往和商谈维持的生活世界的完整性。社会秩序在某个程度上还取决于工具性、策略性行为在市场和行政管理等系统内的整合力量。共享的意义、理解、理性与有序的工具理性系统一起，将社会凝聚在一起。

2. 社会本体论

基本问题：现代社会是什么样子的？现代社会由什么组成？

基本答案：现代社会由两种社会存在组成：生活世界和系统。交往和商谈来源于生活世界。工具性、策略性行为来源于系统。

3. 批判性社会理论

基本问题：造成现代社会生活病态的根本原因是什么？为什么人们大都接受并维持不保护他们利益的社会系统？目前维持生活世界所面临的最紧迫的威胁是什么？我们该采取什么样的应对措施？

基本答案：系统——市场和行政——不断扩张并对作为交

往行为和商谈来源的生活世界进行殖民，而生活世界侵蚀了系统所存身的根基。人们被驱使而一律呈现出工具性、策略性行为的特征，脱离了生活的最终目标，从而经历着意义和自主权的失落。生活世界需要保持完整性，需要减轻系统对非系统领域的入侵所造成的副作用。

四、商谈伦理学专题

1. 道德的商谈理论

基本问题：道德秩序如何可能？什么是行为道德上正当或不当的标准？我们如何知道，或者我们要怎么样才能知道，什么是正确/错误的？

基本答案：道德秩序取决于其有效性可证明的规范的存在，以及大部分行为人都倾向于接受这样的规范的事实。行为的正误取决于有效的道德规范是允许还是禁止这样的行为。规范的有效性在于这个规范体现了普遍的利益，并且这点是可以加以证明的。要判断一个规范是否具有有效性，只要检验这个规范是否有能力在道德商谈中引出理性的协定。

2. 伦理的商谈理论

基本问题：伦理问题同道德问题相对比，具有什么样的不同之处？伦理问题的社会与政治意义是什么？

基本答案：伦理商谈关注的是个人幸福和共同体的善的问题。伦理商谈涉及对传统的批判性借用和对价值的阐释。

五、政治理论专题

1. 政治的商谈理论

基本问题：秩序良好的政治体系如何可能？法律、政策、政治决策的正当性依据何在？

基本答案：秩序良好的政治体系必须满足以下条件：私人和公共的自主权具有恰当的平衡；理性决议在很大程度上对政治秩序起到稳定的作用，这种决议由对公民社会的非正式公共领域具有敏感性的体制来制定。法律的正当性取决于法律与公民社会通过商谈而产生的观点、价值观、规范保持一致。

2. 法律的商谈理论

基本问题：什么是有效的法律？有效的法律规范扮演什么角色？

基本答案：有效的法律必须是实定的、可执行的、正当的。正当的法律必须与道德、伦理、实用因素相一致，必须服从法治共同体的善。有效的法律规范授予并行使政治权力。有效的法律规范支撑道德规范，辅助协调个人行为并建立社会秩序。

译名对照表

A

Adorno, T. 阿多诺
Apel, K-O. 阿佩尔
atomism 原子主义
Austin, J. L. 奥斯汀
Autonomy 自主权

B

Between Facts and Norms《在事实与规范之间》
Bühler, K. 比勒

C

civil society 公民社会
common good/interest 共同善 / 利益
communicative action 交往行为
communicative power 交往性权力
consensus/agreement 共识 / 协定
constitutional patriotism 宪政爱国主义
critical theory 批判理论

D

Dahrendorf, R. 达伦多夫
democratic principle 民主原则
Dewey, J. 杜威
dialectic of enlightenment 启蒙运动的辩证法
Dilthey, W. 狄尔泰
discourse 商谈
discourse principle (D) 商谈原则（D）
Durkheim, E. 涂尔干

E

equality 平等
Enlightenment 启蒙运动
ethical discourse 伦理商谈
ethics 伦理
European integration 欧洲的整合
European Union 欧盟

F

Feuerbach, L. 费尔巴哈
Frankfurt School 法兰克福学派
freedom 自由
Frege, G. 弗雷格

G

Gadamer, H-G. 伽达默尔
German identity 德国身份
goodness, the good 善

H

Hegel, G. W. F. 黑格尔
Heidegger, M. 海德格尔
Hobbes, T. 霍布斯
Horkheimer, M. 霍克海默

扩展阅读

All the books and articles listed here are in English. Dates in square brackets indicate the year of original publication in German.

A selection of Habermas's early writings

Structural Transformation of the Public Sphere: An Inquiry into a Category of Bourgeois Society, tr. T. Burger and F. Lawrence (Cambridge, Mass.: MIT Press, 1989 [1962]).

Theory and Practice, tr. John Viertel (Cambridge: Polity Press, 1988 [1963]). An abridged collection of critical thematic and historical essays on social theory which includes the seminal essay on 'labour and interaction', the key to Habermas's understanding of Hegel, and to his critique of Marx and Marxism.

On the Logic of the Social Sciences, tr. Shierry Weber Nicholsen and Jerry A. Stark (Cambridge, Mass.: MIT Press, 1988 [1967]).

Knowledge and Human Interests, tr. Jeremy J. Shapiro (Boston: Beacon Press, 1971 [1968]). In this book, Habermas examines the role of reflection in critical social theory. It contains a critique of the idealist philosophies of Kant and Fichte, Habermas's engagement with pragmatism and hermeneutic philosophy, and an interesting appropriation of Freud.

Towards a Rational Society, tr. Jeremy J. Shapiro (Boston: Beacon Press, 1987 [1969]). Contains three essays on the student protests and three essays on the role of technology and science.

Legitimation Crisis, tr. Thomas McCarthy (London: Heinemann, 1976 [1973]). An interesting early study of crisis and legitimacy in capitalist societies in which Habermas puts the distinction between lifeworld and system to work.

Communication and the Evolution of Society, tr. Thomas McCarthy (London: Heinemann Educational Books, 1979 [1976]). This is an important study in Habermas's reconstruction of historical materialism, in which he looks at the role of moral development of individuals and social structures.

A selection of Habermas's mature theoretical writings

Pragmatic theory of meaning and theory of communicative rationality

The Theory of Communicative Action, tr. Thomas McCarthy, vol. 1 (Cambridge: Polity Press, 1984 [1981]). The pragmatic theory of meaning and the theory of communicative rationality are set out in Part III, 'Intermediate Reflections'. Part IV contains criticisms of Weber, Lukacs, and Adorno.

Post-Metaphysical Thinking: Philosophical Essays, tr. William Mark Hohengarten (Cambridge: Polity Press, 1992 [1988]). A collection of essays on Habermas's conception of philosophy, some of which are relevant to programmes 1, 2, and 4.

The following two collections contain mainly articles on programmes 1 and 2. *On the Pragmatics of Social Interaction: Preliminary Studies in the Theory of Communicative Action*, tr. Barbara Fultner (Oxford: Blackwell, 2003 [1984]). *On the Pragmatics of Communication*, ed. Maeve Cooke (Cambridge, Mass.: MIT Press, 2000).

Truth and Justification: Philosophical Essays, tr. B. Fultner (Cambridge: Polity Press, 2003 [1999]) is a collection of Habermas's more recent studies on truth and on the pragmatic theory of meaning. Part III contains a surprising revision to Habermas's theory of truth that has important ramifications for discourse ethics.

Social theory

The lion's share of Habermas's social theory is contained in *The Theory of Communicative Action*, vol. 2, tr. Thomas McCarthy (Cambridge: Polity Press, 1987 [1981]), Part VI, 'Intermediate Reflections', and Part VIII.

Discourse ethics

Moral Consciousness and Communicative Action, tr. Christian Lenhardt and Shierry Weber Nicholsen (Cambridge: Polity Press, 1990 [1983]). This is a collection of seminal essays on the programme of discourse ethics. It should be read alongside the later collection, *Justification and Application*, tr. C. Cronin (Cambridge: Polity Press, 1993 [1991]), an important collection of essays, in which Habermas responds to criticisms and develops the distinction between morality and ethics.

Political and legal theory

'Law and Morality', tr. Kenneth Baynes, in *The Tanner Lectures on Human Values*, vol. 8, ed. Sterling M. McMurrin (Salt Lake City: University of Utah Press, 1988), pp. 217–279. The Tanner Lectures were held four years before the publication of *Faktizität und Geltung*, Habermas's major work on political and legal theory. The English translation of *Faktizität und Geltung* is *Between Facts and Norms*, tr. William Rehg (Cambridge: Polity Press in association with Blackwell, 1996) and it contains two important earlier essays in addition. Programme 5 is set out mainly in chapters 3, 4, 7, and 8.

The Inclusion of the Other, tr. C. Cronin and P. De Greiff (Cambridge: Polity Press, 1998 [1996]). A collection of essays on Habermas's moral and political theory that contains his critique of Rawls and three studies on the nation state.

Theory of modernity

The Philosophical Discourse of Modernity: Twelve Lectures, tr. F. Lawrence (Cambridge: Polity Press, 1987 [1985]). In these lectures, Habermas engages polemically with French poststructuralist thought, and develops his critique of Adorno and Horkheimer. See also Habermas's 1980 essay 'Modernity: An Unfinished Project', tr. Nicholas Walker, and reprinted in *Habermas and the Unfinished Project of Modernity: Critical Essays on the Philosophical Discourse of Modernity*, ed. Seyla Benhabib and Maurizio Passerin d'Entrèves (Cambridge, Mass.: MIT Press, 1997).

Other work

The Future of Human Nature (Cambridge: Polity Press, 2003 [2001]) brings together some of Habermas's essays on the moral, ethical, and political implications of bioethics and gene technology.

A selection of Habermas's occasional political writings and interviews

The New Conservatism: Cultural Criticism and the Historian's Debate, ed. and tr. Shierry Weber Nicholsen (Cambridge, Mass.: MIT Press, 1989).

'What Does Socialism Mean Today?', *New Left Review*, 183: 3–21.

'Yet Again German National Identity – A Nation of Angry DM-Burghers?' in *When the Wall Came Down: Reactions to German Unification*, ed. Harold James and Maria Stone (New York: Routledge, 1992).

Autonomy and Solidarity: Interviews with Jürgen Habermas, ed. P. Dews, revised and enlarged edn. (London: Verso, 1992).

The Past as Future: Jürgen Habermas Interviewed by Michael Haller, tr. Max Pensky (Cambridge: Polity Press, 1994).

A Berlin Republic: Writings on Germany, tr. S. Rendall (Lincoln: University of Nebraska Press, 1997).

The Post National Constellation, tr. and ed. Max Pensky (Cambridge: Polity Press, 2001).

Philosophy in a Time of Terror: Dialogues with Jürgen Habermas and Jacques Derrida, ed. Giovanna Borradori (Chicago: University of Chicago Press, 2003).

Time of Transitions, tr. Max Pensky (Cambridge: Polity Press, 2005).

A selection of recent monographs

Pragmatic theory of meaning and theory of communicative rationality

Language and Reason, ed. Maeve Cooke (Cambridge, Mass.: MIT Press, 1994). The first full study in English on Habermas's pragmatic theory of meaning and theory of communicative rationality.

Social theory

Communicative Action and Rational Choice, Joseph Heath (Cambridge, Mass.: MIT Press, 2001). Though not easy reading, this is a detailed and impressive analysis of Habermas's social theory and its philosophical underpinnings. It brings Habermas's philosophy into dialogue with analytic philosophy of language and rational choice theory, and also covers programmes 1, 2, and 4.

Discourse ethics

Insight and Solidarity: The Discourse Ethics of Jürgen Habermas, William Rehg (Berkeley: University of California Press, 1994). A comprehensive critical elucidation and defence of Habermas's programme of discourse ethics.

Making Moral Sense: Beyond Habermas and Gauthier, Logi Gunnarsson (Cambridge: Cambridge University Press, 2000). A critical comparison of Habermas and Gauthier's rationalist justification of moral theory with the substantivist approach attributed to John McDowell.

Impartiality in Context: Grounding Justice in a Pluralist World, Shane O'Neill (Albany: SUNY Press, 1997). An interesting discussion of Habermas's discourse ethics against the backdrop of sectarian conflict in Northern Ireland.

Political and legal theory

The Normative Grounds of Social Criticism: Kant, Rawls and Habermas, Kenneth Baynes (Albany: SUNY Press, 1992). An important study on Habermas's politics providing a comparison of Habermas and Rawls. See also *Reasonable Democracy: Jürgen Habermas and the Politics of Discourse*, ed. Simone Chambers (Ithaca: Cornell University Press, 1996).

Theory of modernity

Between Reason and History: Habermas and the Idea of Progress, David S. Owen (Albany: SUNY Press, 2002).

Other works

Another Country: German Intellectuals, Unification and National Identity, Jan Werner Müller (New Haven: Yale University Press, 2000). Contains a critical analysis of Habermas's views on German unification.

Jürgen Habermas: A Philosophical-Political Profile, Martin Beck Matustík (Lanham: Rowman and Littlefield, 2001). Quirky biography with an emphasis on Habermas's complex and strained relations to the student movement in the 1960s.

Habermas: A Critical Introduction, William Outhwaite (Oxford: Blackwell, 1994).

The Philosophy of Habermas, Andrew Edgar (Teddington: Acumen, 2004).

Collections of essays on Habermas's theoretical work

Habermas: Critical Debates, ed. J. B. Thompson and D. Held (London: Macmillan, 1982). This is not recent, but is still a valuable collection that contains Habermas's replies to his critics. Addresses programmes 1, 2, and 3.

Communicative Action: Essays on Jürgen Habermas's 'The Theory of Communicative Action', ed. Axel Honneth and Hans Joas, tr. Jeremy Gains and Doris L. Jones (Cambridge: Polity Press, 1991). Collects together some critical responses to *The Theory of Communicative Action*. Covers programmes 1, 2, and 3.

The Communicative Ethics Controversy, ed. Seyla Benhabib and F. Dallmayr (Cambridge, Mass.: MIT Press, 1990). A useful collection of material on discourse ethics. Programme 4.

Ideals and Illusions: On Reconstruction and Deconstruction in Contemporary Critical Theory, Thomas McCarthy (Cambridge, Mass.: MIT Press, 1991). A collection of essays by Habermas's most longstanding critic and intellectual fellow traveller. Deals with programmes 3, 4, and 5.

Philosophical Interventions in the Unfinished Project of Enlightenment, ed. Axel Honneth et al., tr. William Rehg (Cambridge, Mass.: MIT Press, 1992) and *Cultural-Political Interventions in the Unfinished Project of Enlightenment*, ed. Axel Honneth et al., tr. Barbara Fultner (Cambridge, Mass.: MIT Press, 1992). These two companion volumes contain critical responses to all aspects of Habermas's philosophy. The list of contributors reads like a 'Who's Who?' of social theory. Examines programmes 2, 3, 4, and 5.

Habermas and the Unfinished Project of Modernity: Critical Essays on the Philosophical Discourse of Modernity, ed. Seyla Benhabib and Maurizio Passerin d'Entrèves (Cambridge, Mass.: MIT Press, 1997).

Habermas and the Public Sphere, ed. C. Calhoun (Cambridge, Mass.: MIT Press, 1992). Critical responses to *Strukturwandel der Öffentlichkeit* subsequent to its English translation. Many of these essays look at Habermas's early book in the light of his mature social theory and the programme of discourse ethics, and so are relevant to programmes 3, 4, and 5.

Feminists Read Habermas: Gendering the Subject of Discourse, ed. Johanna Meehan (London: Routledge, 1995). Feminist responses to Habermas's philosophy.

The Cambridge Companion to Habermas, ed. S. K. White (Cambridge: Cambridge University Press, 1995). An uneven collection of essays that includes valuable contributions by Max Pensky, Ken Baynes, and Simone Chambers (chapters 4, 7, and 8) on Habermas's politics, and on his political and democratic theory respectively. Focuses on programmes 3, 4, and 5.

Habermas: A Critical Reader, ed. P. Dews (Oxford: Blackwell, 1999). A collection of essays that attempt to situate Habermas's theories in the context of the various philosophical traditions in which he works.

Perspectives on Habermas, ed. Lewis Edwin Hahn (Illinois: Open Court, 2000). A large collection of critical and comparative essays addressing programmes 3, 4, and 5.

Habermas, Modernity and Law, ed. Mathieu Deflem (London: Sage, 1996). Looks at programme 5.

Habermas on Law and Democracy: Critical Exchanges, ed. M. Rosenfeld and A. Arato (Berkeley: University of California Press, 1998). Large collection of critical responses to *Between Facts and Norms*. Programme 5.

Discourse and Democracy: Essays on Habermas's Between Facts and Norms, ed. René von Schomberg and Kenneth Baynes (Albany: SUNY Press, 2002). Programme 5.

Habermas and Pragmatism, ed. M. Aboulafia, M. Bookman, and C. Kemp (London: Routledge, 2002). A collection of essays exploring the pragmatic aspects of Habermas's work and his idiosyncratic relation to the tradition of American pragmatism. Contains material relevant to programmes 1, 3, and 5.

Selection of the author's work on Habermas and the Frankfurt School

'Habermas's Discourse Ethics and Hegel's Critique of Kant's Moral Theory', in *Habermas: A Critical Reader*, ed. P. Dews (Oxford: Blackwell, 1999), 29–52.

'What are Universalizable Interests?', *Journal of Political Philosophy*, 8: 4 (2000): 446–472.

'Modernity and Morality in Habermas's Discourse Ethics', *Inquiry*, 3 (2000): 319–340.

'Adorno on the Ethical and the Ineffable', *European Journal of Philosophy*, 10, 1 (2002): 1–25.

Review of Logi Gunnarsson, 'Making Moral Sense: Beyond Habermas and Gauthier', *Ethics*, 112, 4 (2002): 828–831.

'Theory of Ideology and the Ideology of Theory: Habermas contra Adorno', *Historical Materialism*, 11, 2 (2003): 165–187.

'Habermas's Moral Cognitivism and the Frege-Geach Challenge', *European Journal of Philosophy*, (2005 forthcoming).